まっすぐに、ひたむきに

矢板発 本気の改革

齋藤淳一郎 市政８年の記録

齋藤淳一郎

まっすぐに、ひたむきに

矢板発 本気の改革

齋藤淳一郎 市政８年の記録

齋藤淳一郎

はじめに

私は平成28年4月、栃木県内25市町の中で最年少、そして矢板市の歴史の中で一番若い市長として就任し、2期8年間、市政運営に当たってきました。

その間、平成から令和という時代の転換期にあって、そして人口減少・少子高齢社会が到来している中にあって、本気の改革に取り組んできました。

「政治屋は次の選挙を考え、政治家は次の時代のことを考える。」といわれますが、私は、次の選挙をおそれない取組こそが、本気の改革だと思っています。

本書ではそうした一連の取組を、「地方創生」「産業振興」「観光・スポーツツーリズム」「子育て支援、教育」「地域医療・福祉」「防災減災、市民生活」「社会資本整備」「行財政改革」の8つの章に整理して御紹介しています。

人口減少・少子高齢社会という、私たちが今まで経験したことがない困難な時代にあって、少なくとも言えることは、「今までのやり方では何も変わらない」ということなのではないでしょうか。

本書を通じて、そうした改革マインドを多少なりとも感じ取ってくだされば幸いです。

令和7年3月

齋藤　淳一郎

(注)本書の記載事項は、令和6年4月1日までとしています。

第1章　地方創生

第2章　産業振興

第5章　地域医療・福祉

第6章　防災減災、市民生活

齋藤市政での

県内初・県内一

その一部を振り返ってみます!!

県内初

デジタルバリアフリー宣言

矢板市は令和５年１月、県内自治体で初めて「デジタルバリアフリー宣言」を行い、行政、暮らし、産業、学びの４分野で、「デジタルバリアフリーのまち矢板」を目指す姿勢を明確にしました。

➡ 第1章 地方創生「DX」

県内一（累計19億4,887万円）

地方創生拠点整備交付金の交付対象額

地方創生総合戦略に即した施設整備に交付される地方創生拠点整備交付金（現デジタル田園都市国家構想交付金）について、令和５年度末までの交付対象額19億4,887万円は県内市町で最多となりました。

➡ 第1章 地方創生「地方創生拠点整備交付金」

県内初

地域共助型生活交通の運行開始

地域が主体となって運行内容を決定し、ドライバーも地域住民が担う「地域共助型生活交通」について、令和３年10月から県内初となる「コリンタ号」が運行を開始しました。

➡ 第5章 地域医療・福祉「デマンド交通」

県内初

こどもまんなか応援サポーターを宣言

矢板市は令和５年６月、県内自治体で初めて、こども家庭庁が推進する「こどもまんなか応援サポーター」を宣言し、子育て支援をまちづくりの中心に据えることにしました。

➡ 第4章 子育て支援、教育「こどもまんなか」

過去最高（年間8億3,607万円）

「道の駅やいた」の売上高

令和５年度の「道の駅やいた」の売上高は８億3,607万円と過去最高となりました。矢板市には５年連続で660万円の配当（配当利回り20%）が行われ、市にとっても儲かる農業が実現しました。

➡ 第2章 産業振興「道の駅やいた」

過去最高（41億5,000万円）

基金残高

矢板市が各種の行財政改革に取り組んできた結果、地方自治体の貯金にあたる基金残高について、令和５年度末の総額は約41億4,500万円と過去最高となり、未来への投資の準備ができました。

➡ 第8章 行財政改革「財政再建」

齋藤市政での

全国初・全国一

過去最多・過去最高…

全国初

学校電子図書館の開館

矢板市は令和２年10月、読書活動の推進と新型コロナ感染症対策のために、公立小中学校では全国初とされる市立学校電子図書館「ともなりライブラリー」を開館しました。

➡第4章 子育て支援、教育「学びのDX」

全国一（1億円）

ふるさと納税の最高額

矢板市のふるさと納税に対し令和３年12月、全国最高額となる１億円の寄附がありました。市では寄附に対する返礼品として、市内企業が製造した地下型防災シェルターを贈りました。

➡第8章 行財政改革「ふるさと納税」

全国30自治体の一つ

スポーツ・健康まちづくり優良自治体表彰

矢板市が地域創生の一環として推進してきたスポーツツーリズムの取組が評価され、令和３年12月、スポーツ庁の第１回「スポーツ・健康まちづくり優良自治体」に、全国30自治体の一つとして（県内では唯一）選定されました。

➡第3章 観光・スポーツツーリズム「文化スポーツ複合施設」

全国28地域の一つ

林業成長産業化モデル地域に選定

矢板市は令和４年度までの５年間、林野庁の林業成長産業化地域創出モデル地域に全国28地域の一つとして（県内では唯一）選定され、官民一体となった取組を推進してきました。

➡第2章 産業振興「林業成長産業化」

第1章　地方創生

建設中の市文化スポーツ複合施設屋根上にて

ふるさと支援センター「TAKIBI《たきび》」

―地域課題の解決に力―

栃木県では、地域住民による集落機能の維持・再生活動を促進する「ふるさと支援センター」を設立する市町を支援するモデル事業に取り組んできた。

矢板市ではこのモデル事業を活用し、平成30年5月に地域づくりや関係人口創出の拠点となる矢板ふるさと支援センター「TAKIBI」を市総合政策課内に設置し、翌年6月には矢板駅西の空き店舗に活動拠点を開設した。

その後約3年間にわたり、地域おこし協力隊員や集落支援員が中心となり、移住定住促進のための相談窓口やシェアスペースの運営、起業・創業支援の一環としてのシェアキッチンの貸出事業などを実施してきた。

このような取組が活発になるにつれスペースが手狭になってきたことから、令和4年8月、矢板駅東の「街なかにぎわい館ココマチ」1階に移転した。

この移転を契機に、市内の高校生団体YAD(Yaita All Directio

「TAKIBI」開所式で挨拶

ns）による利活用を一層促進するとともに、ココマチ2階に開設されたテレワーク施設、「スローワーク矢板」との連携強化による企業誘致や関係人口創出にも注力してもらうことになった。

移転後1年間で、シェアスペースは2579人の方に、シェアキッチンは144回御利用いただいた。

シェアスペースについては、単にテレワークや学習スペースとしての利用だけでなく、ジャズコンサートなどの市民活動の拠点としても使ってもらい、移転前の令和3年度と比較して3倍近い方に利用していただいた。

「TAKIBI」のシェアスペース

シェアキッチンについても、YADが「高校生カフェ」を出店するなど、若い世代が地域とつながるための居場所づくりとしても利用されている。

このように「TAKIBI」は、県内で最も活発な事業を展開しているふるさと支援センターとして、県内外から注目される存在となった。

「TAKIBI」という名称には、地域づくりに携わる人の心に火を灯すという矢板ふるさと支援センターの理念が込められている。

「TAKIBI」がもっと燃え上がることで、今後とも本市の地域課題が一つでも多く解決されていくことを願っている。

スローワーク矢板
――地方創生テレワークを推進――

コロナ禍を契機に、ＩＣＴを活用した時間や場所を有効活用できる働き方である「テレワーク」が注目を集めるようになった。国もデジタル技術を生かした地域活性化を目指す「デジタル田園都市国家構想」において、この取組を大いに支援するようになった。

そこで矢板市は、内閣府の「地方創生テレワーク交付金（高水準タイプ）」を栃木県内で初めて導入し、市サテライトオフィス等設置補助事業により事業者を公募したところ、大手オフィス家具メーカー、イトーキの関連会社である株式会社エフエム・スタッフ（東京都）が事業者に選定された。

エフエム・スタッフは、首都圏からの人や企業の流れを創出するためのコンソーシアム（共同事業体）を市と設立した上で、令和4年4月、矢板駅東の「街なかにぎわい館ココマチ」2階に、地域共創型シェアオフィス「スローワーク矢板」をオープン

「スローワーク矢板」のエントランス

させた。

「地域ではたらく、つながる、楽しむ」をコンセプトとするこの施設には、令和５年末までに１２８名の方に御登録いただき、延べ８８５名の方に御利用いただいた。

また、この施設を会場として、市独自の「矢板市テレワーク人材育成事業」を、令和４年度と５年度の２か年にわたって実施した。

この事業は、単なるパソコンスキルの習得ではなく、キャリアコンサルタントによる就業を見据えたサポートに力を入れていることに特長があり、ＡＫＫＯＤｉＳ《アコーディス》コンサルティング株式会社（東京都）に委託して実施した。

初年度となる令和４年度については、テレ

テレワーク人材育成事業の様子

ワークでの求人が多く、かつ社会に不足しているデジタル人材として活躍できる人を育成し、資格取得や就業まで支援する内容となっており、13名が参加し、うち3名がマイクロソフト社の認定資格であるPL―900を取得した。

2年目となる令和5年度は、より就業支援に重きを置いた内容とし、子育てや介護等で仕事をお休みしている方などより柔軟な働き方を求めている方が、自分らしいキャリアを実現できるよう応援してきた。

この「スローワーク矢板」を通じて、今後ともアフターコロナの新時代を切り開く新しい事業や取組が続々と生まれていくことを期待している。

高校生団体「ＹＡＤ」

――高校生の集まるまちづくりを推進――

矢板市には総合選択制専門高校である矢板高校、県北唯一の中高一貫教育校である矢板東高校、スポーツ強豪校として知られる矢板中央高校という３つの高校があり、１６００人近い高校生が学んでいる。このうち市外から通学してくる生徒は、本市にとって貴重な交流人口というべき存在でもある。

本市のまちづくりについて学ぶ矢板武塾では、平成28年度と29年度の２年間、高校生自身による「高校生の居場所づくり」について発表が行われた。そこでの成果をもとに市が高校生団体の設立を促したところ、平成30年7月に「ＹＡＤ（Ｙａｉｔａ Ａｌｌ Ｄｉｒｅｃｔｉｏｎｓ）」が設立された。

市はＹＡＤの取組に対し、補助金の交付や市内企業・団体とのマッチングといった資金面・人材面の支援を行ってきた。

令和２～４年度には県の「とちぎ高校生地域定着促進モデル事業」が活用され、Ｙ

ＹＡＤの「高校生カフェ」を訪れて

ＡＤが発案した気球搭乗体験が実施されるとともに、市が伴走支援をしながらＹＡＤが自走していく仕組みが確立された。

令和５年６月にはＹＡＤ設立当初からの目標であった「高校生カフェ」が、矢板ふるさと支援センター「ＴＡＫＩＢＩ《たきび》」で１日限定でオープンした。

17名のメンバーが調理や接客を担当したが、当初30個限定にしていたワッフルが１５０個、50杯限定のドリンクが１１０杯売れる盛況ぶりだった。

今後ともＹＡＤのメンバーには「ＴＡＫＩＢＩ」を拠点に、高校生らしい若い発想でふるさと矢板の未来を切り開いていってもらいたい。

DX
――デジタルバリアフリーのまち目指す――

DX（デジタルトランスフォーメーション）とは、ICT（情報通信技術）の浸透が人々の生活をあらゆる面でより良い方向に変化させることをいい、足掛け4年のコロナ禍に加え、「デジタル田園都市国家構想」を掲げた岸田政権の誕生によって、その取組が加速することになった。

矢板市は令和3年4月、アフターコロナにおけるSociety 5・0に対応したまちづくりや行政のデジタル化に対応するために、庁内にデジタル戦略課を創設した上で、令和4年11月には本市のデジタル戦略の基本指針となる「矢板市デジタル戦略」を策定した。

そして令和5年1月には、県内自治体で初めて「矢板市デジタルバリアフリー宣言」を行い、「行政」「暮らし」「産業」「学び」の各分野で「デジタルバリアフリーのまちやいた」を目指す姿勢を明確にした。

「行政のDX」については、まずマイナンバーカードの普及促進に努め、令和4年度

矢板市

デジタルバリアフリー宣言

4分野でDX戦略推進

【矢板】「デジタルバリアフリーのまち　やいた」を目指し、市は20日までに市デジタル戦略を策定した。行政、暮らし、産業、学びの4分野でデジタルトランスフォーメーション（DX）を推進する。同戦略の基本理念を市内外にアピールしようと、斎藤《さいとう》淳一郎《じゅんいちろう》市長は同日の定例記者会見で、「市デジタルバリアフリー宣言」を行った。（太田啓介《おおたけいすけ》）

同戦略の計画期間は2022～25年度の4年間で、昨年11月に策定した。上位計画に当たる「やいた創生未来プラン」をDXの側面から支援する。

行政のDXでは「行かなくてもできる市役所」「デジタルを活用した業務効率の高い市役所」を基本方針とした。22年度中の行政手続きのオンライン化やマイナンバーカードの普及促進などに努める。

「暮らし」では、市民生活のデジタル化促進をテーマに、広報やいたに市民からの悩みに回答する「デジタル保健室」のページを設けることを検討。「産業」では、県の「とちぎデジタルハブ」と連携して実施中の林業従事者の安全確保の実証実験を継続するほか、建設中の未来体育館に最先端のデジタル技術を導入する。

「学び」では、デジタル機器に不慣れな人を対象とした市民講座や地域で気軽に相談に応じる「地域デジタルリーダー」の育成などを実施。小中学生に1人1台の学習用タブレット端末を配備しているGIGAスクールの充実にも取り組む。

斎藤市長は「市民の誰もがデジタル化の恩恵を享受できるように取り組んでいく」と話した。

下野新聞
令和５年１月21日付け

末の交付率71・38％は県内一となった。

「暮らしのDX」では、令和5年2月からスマートフォンの基本操作やオンラインサービスの体験講座として、市民向けデジタル活用講座を開始した。

「産業のDX」では、栃木県デジタルハブと連携して林業プロジェクトによる実証実験に取り組むとともに、「未来体育館」として整備される市文化スポーツ複合施設に「運動能力評価システム」や「3次元身体計測システム」といった最新のデジタル技術が実装されることになった。

そして「学びのDX」については、県内市町初となる小中学生全員への学習用

市民向けデジタル活用講座（講師は秋本一樹市ＣＩＯ補佐官）

タブレット端末配備や全国初とされる学校電子図書館「ともなりライブラリー」の開館などが評価され、日経ＢＰ社の「公立学校情報化ランキング」（２０２１年度）で、関東地方の小学校部門で第２位、中学校部門で第９位にランキングされるなどの成果を収めている。

なお、本市では令和４年12月に、総合人材サービスの株式会社Ｍｏｄｉｓ《モディス》（現・ＡＫＫＯＤｉＳ《アコーディス》コンサルティング）（東京都）の秋本一樹さんを市ＣＩＯ（最高情報責任者）補佐官に委嘱した。今後とも矢板市民の誰もがデジタル化の恩恵を享受できるよう、市内外の民間活力も積極的に導入しながら、ＤＸを着実に定着させていきたい。

地方創生拠点整備交付金

――県内一の交付額――

国の平成28年度補正予算で創設された「地方創生拠点整備交付金」は、岸田政権において、「デジタル田園都市国家構想交付金（地方創生拠点整備タイプ）」と改称されたが、地方自治体の地方創生総合戦略に即した自主的・主体的で先導的な取組に対して拠点施設の整備を支援する交付金として、全国の地方自治体から注目されている。

この交付金には、ＫＰＩ（重要業績評価指標）の設定とＰＤＣＡサイクルの整備が必要とされ、また事業年度ごとに外部有識者による効果検証を行い、その結果を公表するといった厳格な要件が課されているが、矢板市ではこれまでこの交付金をフル活用し、市内の公共施設整備に取り組んできた。

令和4年度は、矢板市文化スポーツ複合施設の建設工事（事業費：13億4542万円）に着手したほか、「山の駅たかはら」の改修工事（事業費：3542万円）を実施した。年度末には、「城《しろ》の湯《ゆ》温泉センター」の改修工事（事業費：2億1881万円）

市文化スポーツ複合施設の建設工事

も採択されたが、このうち市文化スポーツ複合施設建設事業については、国の採択事例集で好事例として紹介された。

　これまでに採択された７つの事業の総事業費は19億４８８７万円となり、令和５年度末までの交付額は、県内25市町の中で最も多くなった。

　今後は新たに整備された施設に、デジタル実装タイプや、ソフト事業を支援する地方創生推進タイプといった地方創生関連の交付金を更に充当し、施設整備の効果を一層高めていきたい。

講演録

人口減少社会における小規模自治体の生き残り戦略

この講演は、令和４年４月に拓殖大学大学院地方政治行政研究科の客員教授（非常勤）に委嘱されたことに伴い、同年４月18日に同研究科の公開講座「拓く力・地方の課題」で行ったものです。

《はじめに》

皆さんこんばんは！　拓殖大学公開講座「拓く力・地方の課題」の本年度第1回目の講師を仰せつかりました、栃木県矢板市長の齋藤淳一郎と申します。

こちらの公開講座では、本年度も、著名な方々が次々と登壇されると伺っておりますが、本日は、「全国どこにでもあるような小規模自治体」のありのままの話を聞いていただきたいと思います、どうぞよろしくお願いいたします。

《自己紹介》

私は、平成3年に早稲田大学に入りまして、と申しますか、早稲田大学雄弁会に入りまして、学生時代はその道の修行をしてまいりました。

大学弁論部には「全関東学生雄弁連盟」というインカレサークル、名前からしてインカレサークルというほど洒落たことをやっていませんでしたが、そこで拓大雄弁会の皆さんとのお付き合いで、今から30年くらい前には、八王子キャンパスの方に何度もお伺いしたことがございます。

また大学・大学院では、人文地理を専攻しておりまして、今ではポピュラーになりましたが、「グリーンツーリズム」について、

群馬県の旧新治村や旧倉渕村をフィールドにして、卒論や修論を書いていました。

ヤンマーの学生懸賞論文に入賞して10万円もらったり、日本レクリエーション協会の研究助成で10万円もらったりと、風変わりな院生に違いなかったと思いますが、そこそこ勉強してきたつもりでございます。

その後、平成9年に栃木県庁に入りまして、まずは出先の大田原土木事務所の用地部で、道路などを造る時の用地取得や物件補償といった仕事や、宇都宮の本庁で商工会・商工会議所の指導をした後で、日本貿易振興機構

（ジェトロ）香港センター内に設置された県の香港駐在員を3年務めました。

その間、香港域外には約２００日出張し、「県内企業の海外展開支援」や「外国人観光客の誘致」、更には「県産品の輸出促進」といった業務に当たってきました。

また、２００３年の新型肺炎（ＳＡＲＳ）の香港での感染拡大を直接経験したことは、今回の新型コロナウイルス感染症対策でも大いに役立ちました。

これらの詳細は、「アジアの臍から―香港駐在リポート―」という本にまとめてあります。

その後、思うところがあり、平成23年4月の県議会議員選挙に立候補して2期務めた後、平成28年4月の市長選挙に当選し、現在、2期目を折り返したところです。

《矢板市の位置》

次に、矢板市の自己紹介をさせていただきます。

栃木県矢板市は、東京から約１４０㎞の距離にあり、東北新幹線の駅はないものの、ＪＲ東北本線（愛称：宇都宮線）の矢板、片岡の2駅があり、また東北自動車道は、既存の矢板ＩＣに加え、昨年３月には矢板北スマートＩＣが開通しました。

先ほどこの矢板市を、「全国どこにでもあるような小規模自治体」と申しましたが、東京へのアクセスは、全国１７１８市町村の中で優れている方だと思いますが、この東京から１４０㎞という通勤圏にはならない中途半端な近さが、むしろ首都圏へのヒト、モノ、カネの流出につながっているとみております。

《矢板市の概況》

矢板市の人口は、先月、３月と比較して１１８人減ってしまいました。他の月だとそれほど多くは減りませんが、大学進学や就職を契機にして、若い世代が矢板のまちを出ていって、もう戻ってくることはないというのが、矢板市の人口動態の大きな特徴となっています。

また、財政指標についても、栃木県内25市町の中での順位は決して良くありませんが、全国的に比較するとそれほど悪くはありません。

例えば、矢板市が県内25市町中、真ん中の13番目にあたる89・４％だった経常収支比率、この数値は低ければ低いほど良いとされていますが、都道府県を加えた全国平均は、93・8％になっています。

栃木県内の市町村の財政運営は総じて手堅いとされていますが、まちづくりというのは、全国で何番目かという競争ではなく、隣のまちと比べて良いか悪いかという地域間競争ですので、こうした意味で、矢板市は大変厳しい競争を強いられているということを、言い訳がましくなりますが、申し上げておきたいと思います。

《矢板創生五大ニュース①　民設民営のサッカーグラウンドオープン！》

「矢板創生五大ニュース」として、矢板市が取り組んできた事業を交えて、市の自己紹介を続けていきたいと思います。

まず、「民設民営のサッカーグラウンドオープン！」ですが、私立の矢板中央高校は、年末年始の全国高校サッカー選手権大会で、直近の第１００回大会では３回戦敗退でしたが、昨年はベスト４、一昨年はベスト８、３年前はベスト４という好成績を収めています。

これは去年12月に栃木県の大阪事務所長から聞いた話ですが、「矢板」と言われてピンと来る関西人がいるとすれば、その理由は、「矢板中央」「サッカー」ということです。

このような背景もあって矢板市は、地方創生の取組の一環として、スポーツと観光を結びつけたスポーツツーリズムを推進しており、平成31年4月にはその拠点施設として、民設民営の「とちぎフットボールセンター」がオープンしています。

また、その隣接地で整備予定の文化スポーツ複合施設は、最新のデジタル技術を活用したSociety 5・0を体現する「未来体育館」として整備することとしていますが、その構想が「デジタル田園都市国家構想」のもとで評価され、まだ建物も何も建っていないのですが、昨年12月にはスポーツ庁の第1回「スポーツ・健康まちづくり優良自治体」として、全国29の自治体とともに表彰されました。

《矢板創生五大ニュース②　東北自動車道矢板北スマートIC開通！》

次に、「東北自動車道矢板北スマートＩＣ開通！」を挙げさせてください。

矢板中央高校がサッカー強豪校として有名になる前、矢板市と言えば、変な意味ですが、「盆暮れ・正月の帰省ラッシュ時に渋滞する所」として有名でした。今では矢板ＩＣの付加車線が大幅に延長されるなどして、随分改善されてきましたが、世代が少し上の皆さんにとっては、日本道路交通情報センターからの、「東北道はこの時間帯、矢板ＩＣを先頭に30㎞の渋滞」といったように、あまりありがたくないイメージで、場所と名前を覚えてもらっていました。

その東北道の矢板ＩＣと西那須野塩原ＩＣ間の18・9㎞区間、栃木県内でＩＣ間の距離が一番長かった区間、東北道の全区間でもＩＣ間の距離が2番目に長かったという区間に、令和3年3月、ＥＴＣ専用のスマートＩＣが開通しました。

《矢板創生五大ニュース③　林業成長産業化モデル事業を展開中！》

次に、林業成長産業化モデル事業の取組を御紹介します。

高原《たかはら》山麓に広がる豊富な森林資源を有する矢板市には、高度経済成長期に首都圏への木材供給拠点として栄えた歴史があり、現在でも意欲的な森林所有者、山主さんがいたり、多くの製材業者が立地したりしています。

そこで矢板市は、平成30年度から林野庁の林業成長産業化地域創出モデル事業のモデル地域に全国27の地方自治体とともに選定され、国や県の手厚い支援を受けながら、官民一体となった林業・木材産業の成長産業化に取り組んでいます。

特に最近は、「ウッドショック」といわれる木材価格の高騰を受け、矢板市の林業・木材産業は活況を呈しています。

《矢板創生五大ニュース④　ふるさと納税で1億円の寄附！》

これが今年に入ってから、矢板市のことが全国に発信された最大のニュースとなりますが、防災シェルターの返礼品に対し、個人で1億円のふるさと納税があったという話題です。

ふるさと納税については、令和元年度から返礼品を地場産品に限るという厳格な法規制が導入されたことから、これといった特産品のない矢板市では新たに返礼品の発掘を行った結果、市内の鉄筋施工会社が製造・販売している「防災シェルター」を、1億円の寄附に対する返礼品としてラインナップしました。

この「防災シェルター」という高額返礼品がユニークだということで、昨年5

月にテレビ朝日系列の「ナニコレ珍百景」で紹介されましたが、これを見ていた兵庫県在住の50代会社役員の方から、1億円の〝お年玉〟を頂戴したという、大変ありがたいお話です。

《矢板創生五大ニュース⑤　テレワーク拠点「スローワーク矢板」オープン！》

五大ニュースの最後は、先々週、4月4日にオープンしたテレワーク拠点「スローワーク矢板」についてです。

今般のコロナ禍によって、ICTを活用した時間や場所を有効活用できる働き方である「テレワーク」が注目を集めています。

そこで矢板市は昨年度、全国50の自治体とともに、内閣府の「地方創生テレワーク交付金（高水準タイプ）」の採択を受け、民間事業者を公募したところ、大手オフィス家具メーカー、イトーキの関連会社である、株式会社エフエム・スタッフが、JR矢板駅東口に「スローワーク矢板」をオープンさせました。

この「スローワーク矢板」のコンセプトは、「地域ではたらく、つながる、楽しむ」です。

また先ほど矢板市には目立った特産品がないといったお話をしましたが、この事業では、「働き方を特産品に」というスローガンも掲げています。

この取組により、首都圏から矢板市への人や企業の流れが創出されることを期待しています。

《矢板市の人口推計》

このように全国的にも先駆的な取組を行っているつもりの矢板市ですが、人口の見通しは決して明るくありません。

1958年（昭和33年）に市制施行した時の矢板市の人口は3万3326人でしたが、国勢調査による人口の推移をみると、1995年(平成7年)の3万6650人まで増加した後、減少に転じており、社人研こと国立社会保障・人口問題研究所の2015年（平成27年）の推計によると、2040年には2万2397人まで減少するとされています。

この推計値は、5年前の推計値2万7950人よりも、一層厳しくなっています。

そしてその一方で、令和4年4月1日現在で33・6％という高齢化率は、全国的にも高齢者人口がピークになるとされている私たち、「団塊ジュニア世代」全員が高齢者になる2040年には、40％を突破するという見通しも語られています。

《地方創生の概要》

このような人口減少・少子高齢社会の到来は、全国共通の現象で、何も矢板市に限ったことではありませんが、その対策として平成26年から国が打ち出している一連の取組が、「地方創生」です。

この地方創生のポイントとしては、地方創生推進交付金の採択基準から読み替えてみましたが、「自立性」「官民協働」「地域間連携」「政策間連携」といった点が挙げられています。

いちいちもっともな内容ですので、矢板市の毎年の予算編成方針では、各種の地方創生推進交付金を申請しない場合であっても、こうした点に留意して事業を実施するよう職員に指示しています。

《地方創生第2期（2020〜2024）においては、「人口減少社会への適応戦略」が一層重要》

地方創生の取組は、人口減少に歯止めをかける「人口減少の克服戦略」だけでなく、人口減少・少子高齢化に対応したシステムへの転換を進める「人口減少社会への適応戦略」との二本立てとなっています。

そして、年を追うごとに人口減少・少子高齢化のトレンドが一層明確になることから、攻めの「人口減少の克服戦略」と、守りの「人口減少社会への適応戦略」のうち、守りの「人口減少社会への適応戦略」によりウェートをかけていくべきだということを、特に申し上げておきたいと思います。

《今はまさに、〝人口オーナス〟》

ここで、〝人口オーナス〟の話をさせていただきたいと思います。

〝onus《オーナス》〟というのは、英語で「重荷」「負担」というマイナスイメージの意味がありますが、単なる人口減少ではなく、15歳から64歳までの働き盛りの人口、いわゆる「生産年齢人口」が減少することで、経済や社会に不利益が生じる時期を言います。

日本では、高度経済成長期からバブルがはじけた平成の始めまで、私たち「団塊ジュニア」が高校を卒業する頃までは〝人口ボーナス〟で、その後現在に至るまで〝人口オーナス〟の状態に陥っているとされています。

《人口ボーナスがもたらした〝夢の国〟》

「人口ボーナスがもたらした〝夢の国〟」というのは、初代地方創生担当大臣でもある石破《いしば》茂《しげる》代議士の著作から引用したものです。

大雑把に言えば、多少の景気変動があったとしても、去年より今年の方が、そして今年より来年の方が、更には来年より再来年の方が、黙っていてもモノがたくさん売れた、そして買うことができたということが約束されていた時代が、〝人口ボーナス〟の時代でした。

そして若い世代がどんどん社会に出てくる時代なので、年金や高齢者医療も心配いらないという時代が、昭和45年から昭和55年くらいまでに確立され、バブルが崩壊する平成の初めまで機能していたということです。

私は昭和47年生まれの「団塊ジュニア」世代で、高校を卒業したのが平成3年ですので、この〝夢の国〟時代を社会人としては体験していませんが、香港に駐在していた時に、中国沿岸部の〝人口ボーナス〟という疑似体験をしたことがあります。

当時の中国は、WTO（世界貿易機関）への加盟に伴い、輸出や投資の受入れが急拡大していた時代でしたが、その時、中国滞在の長い年配の日本人駐在員の方が、「今の中国は高度経済成長期の日本と同じで、大抵のことはうまくいく」と言っていたことが、印象に残っています。

栃木県の香港駐在員として、栃木県から中国沿岸部の開発区、日本でいう工業団地に進出していた企業を、半年や1年に一度の割合で訪問して「定点観測」できていたわけですが、「生産年齢人口」が年々増えることで、訪問するたびに景色が変わる、特に中国では内陸部から沿岸部への人口移動も顕著だったわけですが、工場の仕事は年々増えて規模が拡大する、それに伴って工場前の食堂や売店のお客さんも年々増えて店構えも年々立派になる、そして地図を買っても、その地図がすぐ古くなってしまうくらいに道路整備が進むといった具合に、黙っていても仕事が増える、そして経済成長することが約束されていました。

この〝人口ボーナス〟は、一度起きたらもう起きないそうです。石破代議士が言っているように、前提条件が全て変わってしまったのです。

《〝戦略的に縮む〟》

人口減少・少子高齢化の時代、そして〝人口オーナス〟の時代にあって、私たち行政が取るべき道は、〝戦略的に縮む〟ことだと思います。

〝戦略的に縮む〟というのは、元産経新聞論説委員の河合雅司《かわいまさし》氏のネーミングで、人口減少を見通して、切羽詰まってから対策するよりも、時代を先取りし〝小さくてもキラリと光る国〟を創り上げていこうという発想ですが、この〝戦略的に縮む〟は、まさに「言うは易く、行うは難し」です。

これまでの日本のまちづくりは、先ほど申し上げたように人口が増えることが最優先、絶対的に善いこととされてきました。

例えば商売をしている人にすれば、人口が増えればお客さんが増えるし、まちにも何となく活気が出るということで、こうした方向性を最大限支持してきたと思います。

《矢板市は〝戦略的に縮む〟ことで、「課題解決先進自治体」を目指したい！》

しかし、先ほどから申し上げているように、この日本という国は、今後、東京でさえも人口減少社会に突入していく中にあって、また全市町村の半分以上が過疎地域に指定されている中にあって、矢板市のようなまちが、今さら人口が急増するはずはないという現実を直視すべきだと思います。

そしてこの現実を、私より若い皆さんにはもっともっと直視していただきたい、なぜなら、私より未来を生きる皆さんはこれから先、人口減少・少子高齢社会のもっともっと深刻な壁にぶち当たるからだと思うからです。

そのような厳しい状況のもとで、私は、矢板市における地方創生、「矢板創生」を実現するためには、厳しい状況から決して目をそむけないで、他の自治体に先駆けて、人口減少・少子高齢社会に対応した、ムリ・ムダのない、必要十分なコンパクトなまちづくりを実現し、「課題解決先進自治体」というべき、我が国の小規模自治体のトップランナーというべき存在になっていきたいと考えています。

《〝戦略的に縮む〟矢板市の取組例―公共施設の統廃合―》

ここでは、取組途上の段階ではありますが、矢板市が〝戦略的に縮む〟ためにどのような取組を行っているのか、公共施設の統廃合を例にお話しさせていただきます。

最近、こうした公共施設の施設管理（ファシリティマネジメント）は、学問的にもいろいろ研究されていますので、専門家でない私がお話しするのも気が引けますが、いろいろ考えた結果、皆さんにはこの話が一番分かりやすいだろうと考え、あえて御紹介させていただきます。

もっとも、この公共施設の統廃合については、矢板市だけが取り組んでいるわけではありません。

総務省が平成26年4月に、全国の地方自治体に対して公共施設の総合的・計画的な管理を要請したことで、全国の自治体も、矢板市と同様の計画を策定していますが、矢板市の市民一人当たりの公共施設の延床面積は全国平均を大きく上回っていることから、他の自治体と比較して非常に高い4割、40％削減という数値目標を設定しなくてはなりませんでした。

現在、その目標達成に向けて全力を上げているところです。

そのなかでも、利用者というべき児童生徒数が減少の一途を辿っている小中学校の統廃合は、喫緊の課題になっていますが、私が市長になってからは、まず平成31年3月に私自身が卒業した西小学校を閉校にした上で、豊田《とよた》小学校を今年3月で閉校、来年3月には川崎小と泉中の2校を、立て続けに閉校にする予定です。

公共施設の統廃合というのは、〝戦略的に縮む〟の典型例ですが、まさに「言うは易く、行うは難し」の取組です。

その中で特に小中学校は、単に「教育の場」としてだけでなく、長年「地域社会のシンボル」として機能してきたことから、その統廃合に対して地域社会の反発は、ものすごく強いものがあります。

そこで市町村長としては古今東西、できれば関わりたくない課題だと思いますが、私は、子どもたちの総合的な教育環境を考えたとき、決して怯んではいけない課題だと捉えており、自分の次の選挙が難しくなることを承知の上で全力を尽くしています。

また、廃止した公共施設についてはそのままにしておかずに、売れるものは売

る、賃料を取れるものは賃料を取って貸すことを心がけています。
民間企業であれば、業績が悪化したときに真っ先にするのは遊休資産の売却ですが、地方自治体はそうしたセンスがまだまだ足りないと思っています。

《公共施設複合化の取組》

公共施設の統廃合に当たっては、なくすばかりでなく、複合化による利便性の向上と、施設の維持管理コストの削減にも力を入れています。
先ほども触れた文化スポーツ複合施設の整備計画では、台風で被災して現在利用できなくなっている市文化会館と隣接する矢板公民館、そして昭和42年度の建築で老朽化が進んでいる市体育館を複合化する計画ですが、新施設のホールの座席数は、利用実態に合わせて最小限にする一方で、ステージ、座席ともに可動式とし、スポーツにも利用できるよう設計しました。

また、来年3月閉校予定の泉中学校がある泉地区は、「昭和の大合併」までは泉村だった中山間地域で、高齢化率は既に40％超と市内で最も高齢化が進んでいる地域ですが、この地区にある各種の公共施設を複合化した施設としてリニューアルし、地域の子どもたちに代わって、地域の高齢者の集いの場として利用してもらうことを目指しています。

小中学校が「地域社会のシンボル」だったのは、かつてどの家にも子どもがいた時代に、その子どもたちの活動を通じて親たちも繋がり、子どもたちが卒業した後も、親同士の人間関係が続くといった側面があったからだと思いますが、少子高齢化が進む中で、新たに多数派となった高齢者が集う場として、小中学校の跡地を利用し、これまでと違った意味での「地域社会のシンボル」を創っていくべきだと考えています。

《地域公共交通の充実強化》

ファシリティマネジメント的な内容から外れますが、地域公共交通を再整備していくことで、公共施設の統廃合というデメリットを上回るメリットを、市民の皆さんに示すことができると思っています。

栃木県は全国有数のクルマ社会であるといわれていますが、高齢社会の一層の進行により、クルマに乗ることができなくなった高齢者の移動手段を確保するためにも、こうした地域公共交通の充実強化が欠かせないと考えています。

《住民参加必須の「小さな拠点」は、現実味なし!?》

地方創生の一環である「小さな拠点」構想を切り口に、最後に、〝本音〟を一言申し上げておきたいと思います。

地方自治は、団体自治、そして住民自治から成り立っているということは百も承知ですが、人口構成の高齢化により、特に高齢化率の高い中山間地域では、「団塊の世代」全員が後期高齢者になる2025年を待つまでなく、既に地域住民同士の「対話の基盤」が失われていると理解すべきだと思います。

また、行政区長（自治会長）や民生・児童委員といった地域社会の担い手不足も、市長自らがお願いに行って引き受けてもらうほど極めて深刻な状況にあります。

そこで決して悪ぶるわけではありませんが、「住民参加必須の『小さな拠点』は、現実味なし!?」とさせていただきました。

残念ながら、地域コミュニティの維持・存続に当たって、「住民参加」という建前を語ることはもはや無理がある、建前や理想を語るほど私たちには残された時間がない、このように御理解いただきたいと思います。

《「坂の上の雲」から、「下り坂をそろそろ下りる」時代へ》

最後に、司馬遼太郎《しばりょうたろう》の「坂の上の雲」と、劇作家の平田《ひらた》オリザが書いた「下り坂をそろそろ下りる」の一節を、それぞれ紹介させていただきます。

拓大が明治33年に台湾協会学校として創立された頃は、まさに「坂の上の雲」そのものだったと思いますが、現在の日本の地方を取り巻く環境は、「下り坂をそろそろ下りる」そのものだと思います。

平田オリザは、劇作家らしく情緒的に、「夕暮れの寂しさに歯を食いしばりながら、『明日は晴れか』と小さく呟き、今日も、この坂を下りていこう」と結んでいますが、これではさすがに元気が出ないと思います。

そこで私は多少の元気を出してもらうために、本日申し上げてきた〝戦略的に縮む〟取組を展開する中で、スモールサクセス、小さな成功を少しでも積み上げていくことで、市民の皆さんからの「便利になった」「手間がかからなくなった」、又は「安くなったね」といった呟きを少しでも積み上げていくことで、ふるさと矢板の生き残りを図ってまいります。

このように締め括ろうとしましたら、矢板市役所の職員から、「待った！」の声がかかってしまいました。

矢板市役所は、職員数２５２人の小さい市役所ですが、それでも博士後期課程まで進んだ職員が何人かいまして、今度、拓大で公開授業するからといって講演原稿の要旨を見せたところ、「若い人向けなのに、最後が暗すぎる」と言われてしまいました。

そして、先日東京の人口が26年ぶりにマイナスになったという記事がありましたが、「コロナ禍で東京一極集中が緩和されようとしている」とか、「テレワークで都市と地方の格差をなくすチャンスだ」とか、公開講座などというのは所詮サービス業みたいなものだから、もっと学生に耳障りの良い話をして終わりにしたらとアドバイスされました。

しかし、こちらに来る新幹線の車中でも考えてきたのですが、「政治家の仕事は、勇気と真心を持って真実を語ること」。これはもともと、矢板市を含む衆議院旧栃木1区から選出されていた渡辺美智雄《わたなべみちお》元副総理が残した言葉ですが、私は「団塊ジュニア」の一員として、「団塊ジュニア」全員が高齢者になる2040年までには、持続可能な矢板市を創って、子どもたちにバトンタッチしていきたい、そしてそのためには、やはり勇気と真心を持って、たとえ不都合な真実であっても真実を語っていかなくてはいけないと思いました。

代わって、皆さんに何がサービスできるかということですが、本日の私の拙い話にお付き合いいただいた皆さんには、「全国どこにでもあるような小規模自治体」である栃木県矢板市を、皆さんの研究フィールドとして、可能な限り提供するお手伝いをさせていただきたいと思います。

しかしその一方で、皆さんの研究成果は、ぜひ矢板市の市政運営のために御提供いただきたいと思います。

「政治家の仕事は、勇気と真心を持って真実を語ること」と申しましたが、勇気と真心に加えて、皆さんの研究成果である「社会科学的なエビデンス」をもって、矢板市における地方創生、「矢板創生」を実現できれば幸いです。

つきましては本年度の皆さんのゼミ合宿は、ぜひ矢板市で開催していただくよう、拓大卒の今井勝巳《いまいかつみ》市議会議長とともにお待ちしております、本日は御清聴ありがとうございました！

第2章　産業振興

都内の企業誘致セミナーで矢板市の魅力をＰＲ

企業誘致

――矢板南産業団地完売――

県企業局が造成・分譲する矢板南産業団地は、東北自動車道矢板ＩＣから至近距離にあるにもかかわらず企業誘致の低迷に長年苦しんできたが、平成28年度に２件、平成29年度に５件、平成30年度に１件の進出があり、当初分譲分は平成31年２月に完売した。

県議会議員時代に関わった平成24年と平成27年の２回にわたる分譲価格引下げにより、１㎡当たり１万７３５１円だった分譲価格が１万４９７円へと、実に39・５％引き下げられたことが、分譲が好調になった大きな理由である。

そこで県では好評につき、新たに２区画を分譲することにしたが、このうち14街区の０・95 haは、もとは市有地であり、団地内にある県有地１・04 haと交換して最後の１区画として分譲されることになった。

これら２区画についても、令和４年７月に食品製造業の日本フレーバー工業株式会

矢板南産業団地への進出企業（平成28年度～令和5年度）

	企業名	本社所在地	取得面積	操業開始時期
1	東色ピグメント（株）	東京都港区	2.55ha	平成29年4月
2	（株）髙野商運	栃木県さくら市	4.11ha	平成29年10月
3	小出鋼管（株）	香川県高松市	0.44ha	平成29年11月
4	ヤマコ総合物流（株）	秋田県秋田市	1.41ha	平成30年7月
5	（株）富士精工	静岡県富士宮市	2.00ha	平成31年4月
6	三上化学製鎖（株）	京都府京都市	1.22ha	令和2年5月
7	ＪＡ全農とちぎ	栃木県宇都宮市	2.81ha	令和2年8月
8	（株）ホーエー	栃木県真岡市	0.34ha	令和3年3月
9	ハナツカコンストラクション（株）	矢板市片岡	2.02ha	令和3年4月
10	日本フレーバー工業（株）	東京都港区	0.47ha	未操業
11	奥洲物産運輸（株）	宮城県東松島市	0.95ha	未操業

社（東京都）が取得したほか、令和5年5月には奥洲物産運輸株式会社（宮城県）との契約が成立し、平成9年9月の分譲開始から実に26年の月日を経て、矢板南産業団地の分譲可能区画は完売した。

市では令和3年度に市企業誘致条例を充実強化し、都市計画法上の工業専用地域や工業地域といった誘致地域以外にも奨励金を交付するとともに、「ホテル等立地奨励金」「医療立地奨励金」「オフィス立地奨励金」を追加している。

そこで今後は、市内全域を対象に多種多様な業種を誘致していくことで、市内経済の活性化と雇用の拡大を図っていくことが期待される。

産業団地開発

――市内2か所を適地選定――

県企業局が造成・分譲する矢板南産業団地は、平成31年2月のＪＡ全農とちぎの進出によって、当初分譲分が完売した。

そこで市では令和元年度から新たな産業団地開発を県に本格要望するとともに、令和4年度からは、職員1名を県の企業誘致の司令塔である県産業政策課企業立地班に派遣し、関係情報の収集に当たらせた。また同年、市内全域を対象として「産業用地適地選定調査」を実施し、まず8か所を抽出した上で、整備に当たっての採算性を評価し、乙畑《おつはた》地内の約24haと山田地内（一部は土屋）の約15haを適地として選定した。

このうち乙畑地内の約24haについては、乙畑小学校の南東に位置し、国道4号と県道蒲須坂乙畑線に挟まれた区域である。大部分は農用地区域に編入されている優良農地だが、20ha以上の規模があるため、個別の農振除外や農地転用と比較して工業専用地域や工業地域といった都市計画法上の用途指定ができることで、開発可能性がより

乙畑地内の産業団地整備候補地

高い区域といえる。

一方、山田地内の約15haについては、西側で接続予定の国道4号矢板大田原バイパスの開通時期が未定であるほか、県が自ら団地開発するとしている20ha未満であることから、評価が低くなってしまった。

市は令和6年度予算に1300万円の調査費を計上し、乙畑地内における産業団地の整備条件や概算工事費を算出することで、整備の実現可能性を具体的に検討するほか、県への要望における事前協議の基礎資料を作成することとしている。

中小・小規模企業支援

――条例に基づき、きめ細かく支援――

我が国の中小・小規模企業は、人口減少やそれに伴う需要の縮小、経済の国際化による競争の激化など、厳しい経営環境に置かれている。

そこで矢板市では、中小・小規模企業の振興を通じて市内経済の発展と市民生活の向上を図るために、県内市町に先駆けて平成29年4月に「矢板市中小企業・小規模企業の振興に関する条例」を制定した。

本市条例の特長としては、まず事業承継の強化が挙げられる。

また、この条例に基づき、工事の発注、物品及び役務の提供に当たって市内企業への受注拡大に努めてきた結果、令和元年度の市内企業からの調達率は51・33％となり、平成28年度の調査開始から初めて50％を超えた。

このほか市長が理事長を務める矢板市中小企業融資振興会では、足利銀行、栃木銀行、大田原信用金庫、那須信用組合という市内４つの金融機関で構成されている矢板

矢板市の工事発注・物品調達率
市内企業が初の50%超え

矢板市が昨年度、市内企業に発注した工事、物品の調達率が平成28年度の調査開始から初めて50%を上回ったことが同市の調べで分かった。

昨年度の市総支払額で市内企業が占める割合は51・33%と調査開始以来、初の50%超えを達成。同年度の市内企業への総支払額は約16億1900万円に上り、28年度と比べ約5億1300万円増加した。特に昨年度は東北自動車道スマートインターチェンジ（IC）の整備や災害復興工事などによる工事請負費が大幅に伸び全体を押し上げた。

同市では県内市町に先駆け平成29年4月に「市中小企業・小規模企業の振興に関する条例」を施行。予算執行にあたり、市内企業からの調達率を向上するよう促してきた。

斎藤淳一郎市長は新型コロナウイルスの影響が続く中、今年度は防護服や飛沫《ひまつ》防止パネルなどの衛生用品について市内からの調達に努めたことに触れ「市内調達率を今後も高め、矢板市版の内需拡大の経済構造を構築しコロナ禍の景気低迷を乗り越えたい」と話した。

（伊沢利幸）

産経新聞栃木版 令和２年12月11日付け

市金融団の協力を得て、これまでも市内中小・小規模企業の資金繰りを支援してきたが、令和２年度からは県内初の取組として、市商工会主催の経営塾を修了した創業者に対し、創業資金の利子を全額補助（利子補給）する制度を開始するとともに、令和５年度から新たに「短期資金」の融資も開始した。

更に市では、中小・小規模企業で働く人たちの福祉増進を図るために設けられた中小企業退職金共済制度について、令和元年度から掛金の５分の１（上限額：月額５千円）を助成するなどして、市内の中小・小規模企業とそこで働く人たちをきめ細かく支援してきた。

小規模自治体が挑戦する地域経済の国際化

（地域活性化センター「地域づくり」２０１6年12月号より）

今から10年以上前のことになるが、栃木県庁から日本貿易振興機構（ジェトロ）香港事務所に派遣され、３年ほど県内経済の国際化に関する業務を担当していたことがある。そこで県産農産物の輸出促進にも取り組んでいた際に、県内の関係者から「なぜわざわざ輸出が必要なのか？」というご質問を良く頂戴していた。私はこの問いかけに対して、人口減少による国内市場の縮小に対応するため、と答えていた。香港を拠点に、経済成長著しいアジア各国を駆け回って痛感していたことは、人口増加による市場拡大が経済成長の原動力になっているということだった。

当時はこのように答えても理解してくれる人が少なかった。しかし、地球規模でのヒト、モノ、カネの交流が一層活発化し、国境を越えた競争の激化や雇用不安を引き起こしている一方で、我が国に本格的な人口減少社会が到来しようとする時代を迎え、ようやくこうした回答が説得力を持つようになってきたと思う。

県香港駐在員時代、ジェトロ香港のエントランスにて

北関東の内陸部にある人口3万4千人たらずの本市においても、最大の立地企業である大手家電メーカーが台湾企業の傘下に入ったほか、TPP（環太平洋経済連携協定）の大筋合意により、基幹産業である農業への影響が危惧されている。

我が国の高度経済成長も、現在のアジア諸国と同じように人口増加による国内市場の拡大に支えられていた。しかし、人口減少社会の到来は、本市のような地方のみならず、これまで本市産農産物にとって最大のマーケットであり、大きな観光市場でもあった東京圏でも避けて通ることはできない。そこで縮小していく市場に対して、少なくともその縮小分をカバーしていく取り組みが欠かせないはずだ。

そこで本年4月に市長に就任した私は、グローバル化という課題を新たな成長のチャンスと捉え、農産物の輸出促進に加えて、外国企業や外国人観光客の誘致といった施策に積極的に取り組んでいきたいと考えている。

例えば、ＴＰＰによって安価な農産物が流入してくる一方で、安全安心で高品質な日本産農産物には、海外販路拡大のチャンスが生まれる。これを契機として県内一の生産を誇る「メードイン矢板」のリンゴを、熱帯気候でリンゴの栽培ができない東南アジア諸国にセールスしていきたい。

近年急増する外国人観光客の誘致については、ゴルフ場が少なく、プレー料金も高いという韓国や台湾をターゲットにして、市内のゴルフ場への誘客を中心とするツアールートをつくってみたい。また市内の３つのゴルフ場が東京オリンピックのキャンプ地誘致に名乗りを上げている。キャンプ地誘致は地域活性化全般に大きな役割を果たすことから、誘致後の経済交流も視野に入れたオリンピックチームのキャンプ地誘致にも力を入れてきたい。

また外国企業の誘致は、新しい技術や革新的な経営をもたらし、地域の雇用機会の増大にも役立つとされている。そこで長年企業誘致の低迷に苦しんできた市内の産業団地に「外国企業誘致ゾーン」を設定して企業誘致に取り組み、市内経

ハンガリーオリンピック委員会と東京オリンピックの
トレーニングキャンプ実施に係る覚書を締結（令和2年2月9日）

済の活性化と民間雇用の拡大に結びつけていきたい。

　これまでの日本の地方自治体の国際経済交流は、海外事務所の設置状況等をみても、都道府県・政令市レベルにとどまっている。また、一般の市町村レベルでの交流は教育、文化といった友好交流が中心だったが、そうした交流さえも折からの地方財政危機に伴い停滞している現状がある。

　こうした状況のもとであるが、あえて本市のような小規模自治体が国際化による地域経済の活性化に挑戦することで、国が地方自治体に対して求めている地方創生の「先駆性」を実現したいと決意を新たにしている。

道の駅やいた

――民間活力導入で業績アップ――

直売所やレストランの運営に対して年間500万円以上の市費が投じられてきた「道の駅やいた」は、平成29年度、来客者数と売上高が初めて前年度を下回ってしまった。

そこで矢板市では、塩野谷農業協同組合や市商工会、更には足利銀行、栃木銀行、那須信用組合といった金融機関からも出資を仰ぎ、平成30年8月に市長を代表取締役とする第三セクター「株式会社やいた未来」を設立した上で、平成31年4月から「道の駅やいた」の指定管理者を（公益財団法人）矢板市農業公社から引き継ぎ、民間活力を発揮した施設の管理運営を開始した。

管理運営の初年度となる令和元年度は、「休館日の削減」「営業時間の拡大」「ゾーニング変更」「やいたブランドの販売強化」「生産者への出荷協力依頼等の取組強化」といった様々な改革を行った結果、来客者数は128万1758人（前年比10・5％増）、

「道の駅やいた」農産物直売所の賑わい

売上高は５億９２９４万円余（前年比15・６％増）となり、いずれも平成23年４月のオープン以降、過去最高を記録し、年間を通じて20％の株主配当が実施された。

その後のコロナ禍にあっても来客者数と売上高は順調に推移し、令和５年度の来客者数は１５５万５７１５人、売上高は８億３６０７万円と過去最高を更新し、５年連続となる20％の株主配当が行われた。

資本金４０００万円の「株式会社やいた未来」の最大の株主は、３３００万円を出資している矢板市であることから、株主配当の額は累計で３３００万円となり、出資金全額を取り戻すことができた。

市長自ら「新米フェア」の店頭に立つ

令和4年度からはこだわりの新米を全品1割引きで販売することで、本市産米の消費拡大を目的とした「新米フェア」を開催し、その後の道の駅の米の売上げにも大きく貢献したほか、令和5年度からは「八方《はっぽう》高原《こうげん》ふるさと便事業」を市農業公社から引き継いでいる。

このように「道の駅やいた」は、今後とも儲かる農業の拠点施設として、市内農業者に必要な施設であり続けるとともに、本市最大の観光交流施設として、本市経済の活性化や交流人口の増加に大いに貢献していくことが期待されている。

林業成長産業化
――モデル事業で全国から注目される――

矢板市にはかつて、首都圏への木材供給拠点として栄えた歴史があり、現在でも意欲的な森林所有者や製材業者がたくさんいるまちである。

そこで本市は平成30年5月、林野庁の林業成長産業化地域創出モデル地域に全国28地域の一つとして、また栃木県内で唯一選定され、令和4年度までの5年間、国や県の手厚い支援のもと林業・木材産業の成長産業化に取り組むこととなり、5年間で2億5千万円を超える補助金が交付された。

市ではモデル事業を実施するために、市内の林業事業体3者、製材工場2者とともに、市長を会長とする「矢板市林業・木材産業成長化推進協議会」を設立するとともに、事業の一環として、令和3年3月に「矢板市林業成長産業化推進アクションプラン」を策定した。

アクションプランでは、伐期を迎えている人工林について主伐再造林に積極的に取

高性能林業機械のデモンストレーション（倉掛地内）

り組むとともに、伐採された丸太を製材工場が受け入れる体制について「川上」「川中」双方の安定した経営環境を実現することを目的としている。

また本市は令和5年10月、森づくりの必要な事項を定めた「矢板市森づくり条例」を制定した。

北関東の自治体では初めてとなるこの条例制定により、気候変動対策や花粉症対策にも役立つ持続可能な林業、「矢板林業ＳＤＧｓ」の取組を一層加速することにした。

こうした一連の取組を通じて、本市が我が国の林業・木材産業のリーディングシティーとなる道筋がつけられた。

森林環境譲与税
―有効活用で全国の先進事例に―

令和元年度から開始された森林環境譲与税の譲与については、使い途を見つけられない地方自治体が目立つ中で、矢板市では有効活用に努めてきた。本市ではこの譲与税を財源として、まず、平成31年4月に林業職の元県職員を地域林政アドバイザーに任用し、新たな森林経営管理制度に基づく取組を推進してきた。

平成2年度には、「ＵＩＪターン林業従事者の賃貸住宅家賃等支援事業」「林業研修及び資格取得等促進事業」「林業従事者安全衛生対策支援事業」をそろって開始するとともに、「林業基礎トライアル研修」に参加する矢板高校生の参加費を全額補助し、林業従事者の確保・育成を支援してきた。

令和3年2月オープンの「矢板市子ども未来館」への木製遊具設置や普及啓発のための木製品づくりにも譲与税を充ててきた。

こうした取組については、令和4年9月に総務省の地方財政審議会から先進事例としてヒアリングを受けるなど、全国的に注目されるようになった。

コロナ禍からの経済再生
――新型コロナ臨時交付金をフル活用――

栃木県への新型コロナウイルス感染に対する非常事態宣言は、令和2年5月14日に解除されたが、コロナ禍により矢板市の景気も大幅に落ち込んでしまった。

そのような状況のもとで、国は新型コロナの感染拡大を防止するとともに、その影響を受けた地域経済や住民生活を支援することを目的として、新型コロナウイルス感染症対応地方創生臨時交付金を創設した。

そこで本市では、「いのちを守る」「経済を復興する」「学びを取り戻す」の3つを基本方向とする市独自の「アフターコロナ矢板創生戦略」を策定し、この交付金を計画的・体系的に活用することとした。

このうち「経済を復興する」では、市内の中小・小規模事業者の事業継続を支援し、消費を喚起するとともに、「新しい生活様式」に即した経済活動を促進するとした。

具体的には、国の支援制度に該当しない事業者を支援するために、市独自の事業継続給付金や店舗賃料支援金を支給したほか、消費喚起策としてプレミアム付き商品券やプレミアム付きリフォーム券を発行した。このうち本市初の取組となったリフォーム券には予想を大きく上回る申込みがあった。

また、経営が特に悪化している飲食店への支援と、テイクアウトという「新しい生活様式」を定着させるために開始したテイクアウトクーポン券の配布事業は、その手軽さから市民の皆様から大好評いただいた。

このほか、「経済を復興する」と「学びを取り戻す」の政策間連携事業として、市内の中学3年生までのお子さん約３８００人に対し、市内の中小事業所で利用できる1万円相当の商品券を配布する子育て応援券発行事業を実施したほか、学校給食に地元産農産物を提供する地元産材活用支援事業を通じて、市内農家を支援するとともに、市立小中学生にふるさと矢板の農畜産物のおいしさを実感してもらった。

このように本市は、コロナ禍を市の社会経済構造を見直す機会として捉え、〝未来志向〟での取組を推進することで、感染症に強いまちづくりと矢板市における地方創生を実現していくよう努めてきた。

物価高騰対策

――「政策間連携」に配慮した事業実施――

令和5年11月に成立した国の補正予算で創設された物価高騰対応重点支援地方創生臨時交付金は、物価高騰の影響を受けた生活者や事業者に対し、地域の実情に応じたきめ細やかな支援を一層強化することを目的としており、矢板市にも最大6912万円が交付されることになった。

そこで本市では、「矢板市物価高騰克服未来づくり戦略」を取りまとめる中で、生活者支援と事業者支援との「政策間連携」にも留意しながら、またその場限りではない〝未来志向〟での事業を実施することとした。

まず、コロナ禍のもとでの景気対策として市民の皆様から御好評いただいた、やいた応援クーポン券配布事業を大幅に拡充して実施した。

これまでの世帯単位ではなく、市民一人につき市内の飲食店や小売店で利用できるクーポン券（1枚当たり400円5枚綴）を配布した。また今回は、行政区の回覧板

「物価高騰克服未来づくり戦略」を公表

ではなく郵送したことから、行政区未加入の市民の方にもあらかじめ御自宅までお送りできた。

本市は令和５年６月、こども家庭庁が推進する「こどもまんなか応援サポーター」を県内自治体で初めて宣言し、自助（共助）・互助・公助のベストミックスによる「Ｙａｉｔａこどもまんなかプロジェクト」を推進していることから、０歳から18歳までのお子さんに対し、やいた応援クーポン券に加えて、市内店舗で使用できるクーポン券（１枚当たり１０００円２枚綴）を配布した。

このクーポン券の利用期間も、やいた応援クーポン券と同様に１月15日から３月15

日までの2か月間となっており、新学期に向けた学用品の購入にも活用いただいた。

また、エネルギー価格の高騰により、電気、ガス、灯油代の負担が増大しているが、その一方で矢板市は一昨年4月、「2050年カーボンニュートラル」を宣言し、省エネの取組等を通じて、温室効果ガスの排出抑制に努めることとしていた。

そこで、これまでも新型コロナ臨時交付金を財源として令和4年度と5年度の2回にわたって省エネ家電購入費補助事業を実施し、市民の皆様から好評であったが、今回は予算をこれまでの2倍の3000万円に拡大した上で、補助対象を個人（市民）だけではなく、事業者（個人事業主を含む）等に広げて実施した。

補助率は、省エネ家電が30％（上限9万円）、省エネ給湯器が40％（上限16万円）とし、対象製品には、テレビ、冷凍庫、電気便座、温水機器を追加し、統一省エネラベル対象機器の全てを対象とした。

これら一連の事業は、生活者支援と事業者支援のうち、生活者支援を主たる目的としているが、市内店舗での購入を要件とすることで事業者支援にも役立つ、「政策間連携」の内容にもなっていた。

第3章

観光・スポーツツーリズム

スポーツ庁「スポーツ・健康まちづくり優良自治体」に選定

スポーツツーリズム
――地方創生の一環として推進――

矢板市には高校サッカーで全国的に有名な矢板中央高校があるほか、高原《たかはら》山麓の豊かな自然環境をフィールドとした登山やハイキング、自転車、オリエンテーリング、ゴルフといった多様なスポーツコンテンツが存在している。

そこで地方創生の取組として、スポーツと観光を結びつけたスポーツツーリズムを推進することで、交流人口の増加と市内経済の活性化に努めてきた。

平成29年度からは、国の地方創生人材支援制度（日本版シティマネージャー派遣制度）を栃木県内の市町で初めて活用し、ＪＴＢ関東の竹村潤一《たけむらじゅんいち》さんを採用し、民間活力を生かしたスポーツツーリズムの取組を推進してきた。竹村さんはＪＲグループのデスティネーションキャンペーン（ＤＣ）の本県誘致にも関わっていた人でもある。

また、平成29年3月には本市スポーツツーリズム施策の基本指針となる「矢板市スポーツツーリズム推進アクションプラン」を策定した上で、翌年4月にはその推進組

「ツール・ド・とちぎ」のスターターとして

織として、市長を会長とする「矢板スポーツコミッション」を設立した。

矢板スポーツコミッションが、スポーツ大会開催報奨金制度やスポーツ合宿促進事業を通じてスポーツ大会や合宿の開催などを支援した結果、令和元年度のスポーツ交流人口は21万7694人となり、経済効果も15億2709万円に達した。

令和2年以降は、折からのコロナ禍に見舞われて停滞を余儀なくされたが、コロナ禍が収束した令和5年度のスポーツ交流人口は12万8485人、経済効果は13億5165円まで回復した。

「チャリプロ」が拓く矢板創生
（時事通信社「地方行政」2017年6月1日号より）

私は昨年（平成28年）4月、栃木県内最年少市長として就任したが、私よりさらに若い市職員が、本市の施策を大きく動かしたことを大変心強く感じている。

本市では庁内の若手職員によって、「自転車を活用したまちづくりプロジェクトチーム」（通称「チャリプロ」）が組織されている。

「チャリプロ」は、これといった観光資源がなく、単なる「通過点」になっていた本市において、自転車の価値を再評価し、「施設整備を必要としない」「移動が可能」と捉えた。そして日光や那須といった県内の観光地や、県庁所在地である宇都宮市とほぼ等距離にあるという地理的位置を生かし、それら地域のハブ的役割を、自転車によって担っていくというアイデアを生み出した。

彼らの活躍により、本市ではこれまで、「やいた八方ケ原ヒルクライムレース」が3回開催されたほか、本年（平成29年）3月から4月に開催された国際公認サイクルロードレース、「第1回ツール・ド・とちぎ」では、最終日スタート地点を

寄 稿 文

勝ち取った。7月には全日本実業団自転車競技連盟（JBCF）主催の国内最高峰のロードレースシリーズ、「やいた片岡ロードレース」の開催も決まっている。

こうした「チャリプロ」の取り組みが市全体を大きく動かすこととなり、ついに本市では、地方創生総合戦略において、スポーツと観光を結び付けた「スポーツツーリズム」を重点施策として打ち出すことになった。今後はその柱として、自転車を活用した「サイクルツーリズム」を位置付け、交流人口の増加を図り、市内経済の活性化に結び付けていきたい。まさに「チャリプロ」が拓《ひら》く矢板創生である。

本年度は近隣の大田原市、那須町と連携し、地方創生推進交付金を活用してサイクリストの受け入れ態勢を強化することで、来訪者数を一層増やしていくこととしている。

私も「チャリプロ」メンバーに勧められて、ロードバイクに乗るようになった。今後とも「サイクルツーリズム」を推進するとともに、庁内若手職員のアイデアと行動力を大切にしていきたいと思う。

日本遺産
――広域連携で文化財を活用――

日本遺産は、地域の歴史的魅力や特色をストーリーとしてまとめ、そのストーリーを構成する文化財等を整備・活用することで地域活性化を図ることを目的として、文化庁が平成27年度から開始した取組である。

平成30年5月、矢板市が那須塩原市、大田原市、那須町と共同申請していた「明治貴族が描いた未来〜那須野が原開拓浪漫譚《ろまんたん》〜」が、文化庁の日本遺産に認定された。

本市は、那須野が原開拓と那須疏水の開削に尽力した矢板武《やいたたけし》の出身地であり、その旧宅は矢板武記念館として市が管理している。

また、明治の元勲、山縣有朋《やまがたありとも》が開墾した山縣農場跡があり、晩年の別荘だった洋館が山縣有朋記念館として一般開放されているほか、山縣が大正時代に青森県から持ち込んだとされるリンゴは、現在、県内一の生産を誇っている。

そこで本市からは「矢板武旧宅」「山縣有朋記念館」「山縣農場」、そして「矢板のリ

「日本遺産」の認定証を手にして

ンゴ」の４点が、構成文化財に認定された。

平成30年６月には関係市町間で官民一体となった日本遺産活用推進協議会が設立され、文化庁からの補助金や那須地域定住自立圏の特別交付税などを財源として各種事業を展開してきた。

日本遺産は、対象となる文化財を単に保護するだけではなく、その活用が強調されている。

そこで本市においても、関係市町との広域連携を通じて対象文化財の利活用に努め、交流人口の増加と市内経済の活性化につなげていきたい。

八方《はっぽう》ヶ原《がはら》

──おしらじの滝に注目集まる──

平成29年度から3年間にわたって展開された、ＪＲグループの「本物の出会い栃木」デスティネーションキャンペーン（ＤＣ）で、八方ヶ原の「おしらじの滝」は、インターネットサイトの「とちぎ旅ネット」のアクセスランキングで1位になったほか、平成30年12月には国内最大級の旅行情報メディア　ＬＩＮＥトラベル.ｊｐが実施した第1回「ＬＩＮＥトラベル.ｊｐ　旅人大賞」で最高賞となる大賞を受賞するなど、全国的に大きな注目を集めた。

そこで八方ヶ原の観光客入込数も、平成28年の12万４１００人から、ＤＣ本番が実施された平成30年には18万９５００人へと大幅に増加した。

その後のコロナ禍のもとでその数は8万５７８０人まで落ち込んだが、令和３年度から新たに「山の駅たかはら」の指定管理者となった「たかはらの森管理グループ」（栃木県森林組合連合会、たかはら森林組合、高原林産企業組合で構成）の取組が功を

全国的に注目された「おしらじの滝」

奏し、令和4年の観光客入込数は、17万2660人まで回復した。

長年の八方ヶ原観光の課題だった通年型・滞在型観光地づくりを目指し、「たかはらの森管理グループ」は令和4年9月、キャンプ場をプレオープンした（フルオープンは令和5年4月）。

矢板市でも内閣府の地方創生拠点整備交付金を導入し、「山の駅たかはら」にシャワー室や手洗い場、屋外Wi-Fiなどを設置するなどして、この取組を側面から支援してきた。

いちご一会とちぎ国体
――スポーツツーリズム推進に弾み――

第77回国民体育大会「いちご一会とちぎ国体」が、令和4年10月1日から11日までの11日間の日程で開催された。

このうち矢板市では10月3日から7日までの5日間、矢板運動公園を会場として、「サッカー少年女子」11試合と、「軟式野球成年男子」2試合の競技が実施された。

本市で競技が実施された5日間の天候は、前半は晴れの国体日和となったものの、後半は冷たい雨が降ってしまった。

しかし、本市競技会場への選手・監督、大会関係者、観覧者の来場者数は、延べ5879人となり、このうち観覧者は、市内小中学校の学校観戦1825人を含む3991人となった。

また、市内宿泊者数は延べ1378人、昼食用として選手等に販売したあっせん弁当は472食、関係者に支給した弁当は1367食、合計1839食となったが、そ

雨天で開催されたサッカー少年女子競技表彰式

の全てを市内事業者から調達することができた。

こうした国体開催による本市の経済波及効果を試算したところ、その額は7858万円に達した。

コロナ禍が完全に収束しておらず、また天候にも決して恵まれなかった中で、全国から多くの来訪者をお迎えできたことは、本市が地方創生の取組として推進してきたスポーツツーリズムに大きな弾みをつけることができた。

このほか本市独自の取組としては、まず環境配慮のために、会場の使用電力を再生可能エネルギーで充電した蓄電池で賄うことで、二酸化炭素排出量の削減に努めた結果、5日間で280・96kgのCO2を削減できた。これは一

矢板市競技会場で設置された蓄電池

般家庭26世帯が1日に排出する二酸化炭素量に相当する。

また、国体映像配信サイト「国体チャンネル」で10月3日と5日の2日間、緑新スタジアムYAITAで開催された「サッカー少年女子」競技の4試合について、国体史上初となるAIカメラ活用による映像配信を行ったところ、10月12日までの視聴回数が2万787回に達するなど多くの方に御視聴いただいた。

こうした一連の挑戦により、当時建設中だった市文化スポーツ複合施設で導入予定の最新の環境技術やデジタル技術について、実用化のイメージを膨らませることもできた。

文化スポーツ複合施設

―「矢板創生」の拠点施設に―

令和6年4月、矢板市文化スポーツ複合施設がオープンした。

令和元年10月の台風19号（令和元年東日本台風）で使用不能となった市文化会館は、災害復旧費等での原形復旧は可能だったが、少なくとも2年間の工期が必要なことや、その後の改修工事に最低でも約11億円を要すること、更には敷地が洪水浸水想定区域に指定されてしまったことから、同じく昭和42年開業で老朽化が著しかった市体育館と複合化し、移転整備することにした。

最新のデジタル技術を活用した「未来体育館」として整備する計画は各方面から高い評価を受け、内閣府の地方創生拠点整備交付金から6億7223万円余の交付が受けられたほか、令和3年12月にはスポーツ庁の第1回「スポーツ・健康まちづくり優良自治体」に、全国30自治体の一つとして、栃木県内で唯一選定された。

また、県内の公共施設として初めて、建築物省エネルギー性能表示制度の「ZEB《ゼブ》

文化スポーツ複合施設多機能ホールにて

Ready《レディ》」の認証も取得するなど、GX（グリーン・トランスフォーメーション）推進の面からも大いに注目された。

この施設は、隣接するとちぎフットボールセンターや新たに宿泊棟を整備してリニューアルオープンする市城《しろ》の湯《ゆ》温泉センターとのシームレスな（継ぎ目のない）連携により、本市が地方創生の一環として推進してきたスポーツツーリズムの拠点施設として活用していくこととしている。

また、市民の皆様の文化・スポーツ活動の拠点施設として、心とからだの健〝幸〟づくりを通じて医療費削減にも貢献していくほか、自家発電設備のほか、「かまどベン

文化スポーツ複合施設アリーナにて

チ」や手汲みの井戸を整備したことで、一朝有事の際の防災拠点としての役割も果たすこともできる。

なお、この施設の管理運営には民間活力を導入することとし、北関東綜合警備保障株式会社（宇都宮市）や市内の特定非営利活動法人たかはら那須スポーツクラブなどで構成される「矢板市文化スポーツ複合施設共同事業体」が、公募により指定管理者に選定された。

このように多種多様な機能が盛り込まれた市文化スポーツ複合施設は、まさに「矢板創生」の拠点施設として、市内外からの利活用が大いに期待されている。

城《しろ》の湯《ゆ》リニューアル

――滞在型スポーツツーリズムを推進――

令和6年4月、城の湯温泉センターがリニューアルオープンした。

矢板市の令和4年の観光客入込数は、コロナ禍にもかかわらず初めて200万人を突破し、205万6055人に達した。

本市が地方創生の取組として推進してきたスポーツツーリズムについても、スポーツ交流人口が12万8485人まで回復するなど、着実な伸びを見せている。

一方、「城の湯温泉センター」と「城の湯ふれあい館」で構成されている市の福祉増進施設、「城の湯やすらぎの里」の利用者数は、平成7年度の約31万8千人をピークに減少に転じ、コロナ禍最中の令和3年度には9万8684人まで減少してしまった。

そこで市では、観光やスポーツツーリズムによる経済効果を一層高めるために、城の湯温泉センターに新たに宿泊機能を加えることで、スポーツ合宿を軸とした宿泊需要を取り込み、滞在型スポーツツーリズムを推進することにした。

城の湯リニューアルオープン記念式典で挨拶

具体的には、源泉ポンプの故障でたびたび休館していた城の湯温泉センター2号館のうち、浴場部分の約６２８㎡を改修し、計19室、定員50名の宿泊棟を整備したほか、シャワー室やランドリー室、多目的トイレも備えた。なお宿泊者は、露天風呂のある1号館の浴室も利用できる。

この施設の整備に当たっては、「シームレスなスマート・スポーツ合宿を実現するモデル施設整備事業」として、内閣府の地方創生拠点整備交付金から1億３００万円余の交付を受けることができたことから、同じく地方創生拠点整備交付金の採択を受け、4月1日にオープンした市文化スポーツ複

新たに整備された城の湯の宿泊施設

合施設とのシームレスな（継ぎ目のない）連携を図ることとした。
例えば宿泊者は、整備された無料Ｗｉ－Ｆｉを利用して、文化スポーツ複合施設で得た運動能力の基礎データや動画を活用することができる。
この施設の管理運営には、市内最大の観光交流施設である「道の駅やいた」との連携が欠かせないと考え、道の駅の指定管理者である「株式会社やいた未来」が担うことになったが、指定管理料は以前よりも年間5百万円ほど削減されることになった。
加えて今回のリニューアルに合わせ、一般社団法人矢板市観光協会や矢板スポーツコミッションにはこの施設に移転してもらい、ソフト面においてもスポーツツーリズム推進のために大きな役割を果たしてもらうことも期待している。

第4章 子育て支援、教育

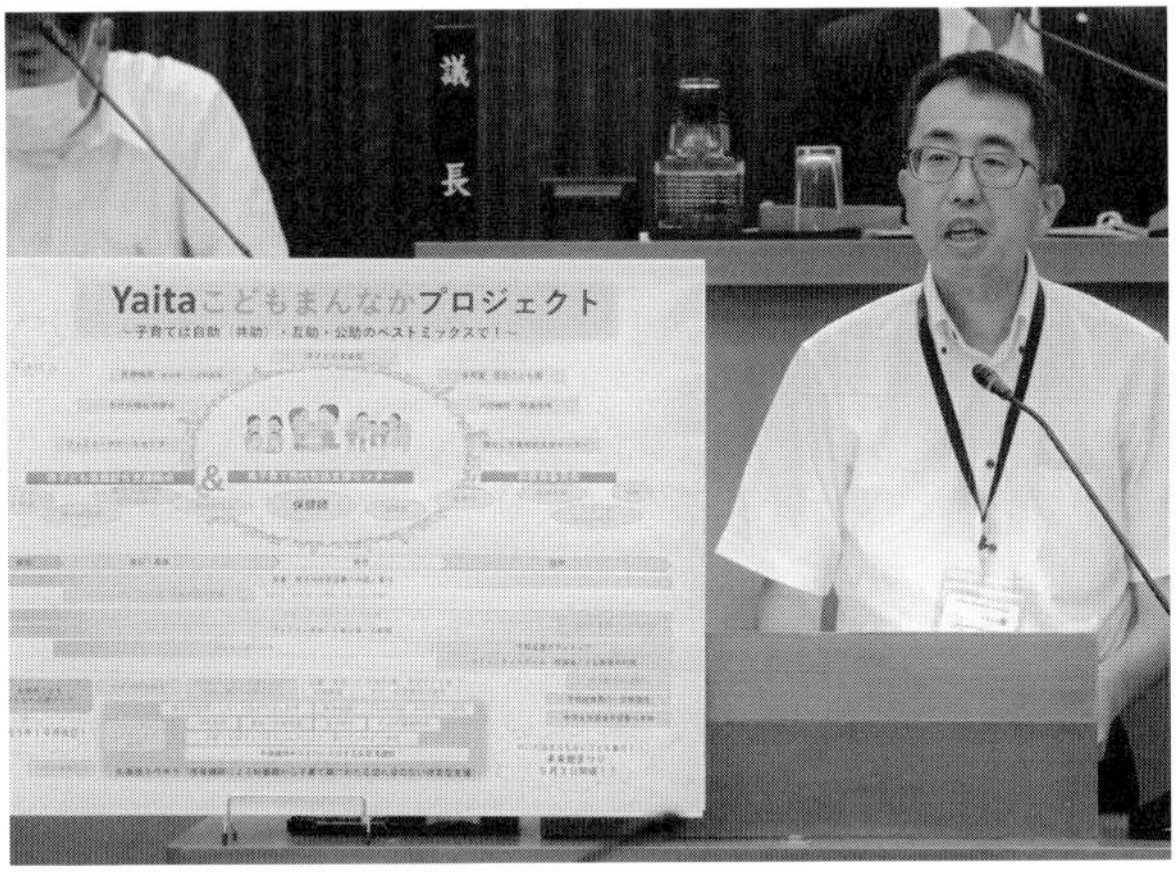

市議会で「Yaita こどもまんなかプロジェクト」を説明

子ども未来館

――子育て支援の拠点施設に――

令和3年2月、旧栃木県矢板健康福祉センターを改修して整備した「矢板市子ども未来館」が開館した。

市は令和元年9月に、県から敷地建物一式を4200万円という安価で取得した。敷地面積は4107㎡、鉄筋コンクリート2階建て1156㎡の建物はエレベーター付きで、耐震基準も満たしている。

市ではこの施設に、矢板駅東にあった「こどものひろば」を移転して拡充するとともに、公共施設再配置の観点から矢板児童館と矢板東児童館を統合して整備した。

市では、この施設を子育て支援の拠点施設として、保護者の皆様の子育てに関する不安や悩みに対する相談支援機能を持たせたほか、保護者の方同士のネットワークづくりにも役立つような各種施策を展開していくこととした。

折からのコロナ禍のもとで開館したことから、開館当初から利用制限をお願いし、ま

新たに整備された「矢板市子ども未来館」

た休館を余儀なくされた時期もあったが、1階の「こどもの広場」の大型遊具が好評を博し、また本市の母子保健事業としての育児教室やキッズスポーツ教室等が実施されたことで、未就学のお子さんや子育て世代の皆様が安心して利用できる場を提供できた。

オープンから1年4か月が経過した令和4年6月には来館者1万人を達成し、その後のコロナ禍収束によって来館者は一層増加し、令和5年度末までの来館者数は、2万2831人に上っている。

こどもまんなか

――「自助（共助）」「互助」「公助」のベストミックスで――

令和5年4月からこども基本法が施行されるとともに、こどもに関する取組や政策を社会のまんなかに据える「こどもまんなか社会」を実現するために、こども家庭庁が創設された。

矢板市は、こうした「こどもまんなか」の趣旨に賛同し、「こどもまんなか社会」実現に向けたアクションを実行するために、栃木県内の地方自治体では初めて、令和5年6月23日に「こどもまんなか応援サポーター」を宣言し、当面の取組を「Ｙａｉｔａこどもまんなかプロジェクト」として取りまとめ、各種事業を体系的に推進していくこととした。

「Ｙａｉｔａこどもまんなかプロジェクト」は、「婚姻」「産前・産後」「育児」「就学」の4つのライフステージを横軸に、「自助（共助）」「互助」「公助」という子ども・子育て支援についての3つの関わり方を縦軸にとった構成となっている。

市内高校生との「こどもまんなかミーティング」

このうち「自助（共助）」についての市の役割は、あくまでも後押しとして、例えば妊娠届を受理する際に、「(仮称）家事・育児分担宣言書」の様式を渡して、家事・育児の分担を明確に取り決めてもらうことなどを促していくこととした。

「互助」では、市ファミリーサポートセンターの充実強化に取り組むとともに、学校でのコミュニティスクールや放課後子ども教室、学校支援ボランティアについても「互助」と位置づけ、市民の皆様の一層の御協力をお願いしていきたい。

そして本市には、栃木県内14市の中で保健師職員の割合が最も高いことで、母子保健を担当する保健師の数も多いという強みがある。

そこで「公助」としては、〝矢板版ネウボラ〟、ネウボラというのはフィンランド語で「相談の場」を意味し、妊娠期から出産、子どもの就学前までの間、母子とその家族を支援する取組で、一人の保健師が子どもやその家族と対話を重ねながら継続的に担当することに特長があるが、こうした矢板版ネウボラというべき、市保健師による伴走型支援に、今後、一層注力していくこととした。

児童手当の所得制限撤廃が打ち出される中で、「子どもは家庭で育てるのか、社会が育てるのか」といった議論が再燃したが、本市としては「自助（共助）」「互助」「公助」のベストミックスで、本市ならではの「こどもまんなか社会」を実現していく決意を新たにした。

給食無償化
――子ども未来基金財源に着実に推進――

子育て支援施策の一つとして、学校給食費無償化の取組が広がっている。

矢板市でも令和元年度から、こども医療費現物給付の対象を中学3年生まで拡大した場合に想定される年間4500万円の負担増見込額を積み立てた「矢板市子ども未来基金」を財源として、学校給食費の一部無償化を開始した。

令和元年度は1か月分、令和2年度からは2か月分の無償化を実施した上で、令和4年度からは国の新型コロナ臨時交付金を活用し、3か月分の無償化を実現した。

この取組は、こども医療費現物給付の対象を高校3年生まで引き上げた令和5年度も継続するとともに、令和6年度に向けて、市単独で3か月分の予算を計上した。

補助額は、小学生一人につき年間1万5千円、中学生一人につき年間1万6500万円となっている。

また、市では令和2年度から、それまで年3回実施されていた「お弁当の日」に代

地産地消給食で矢板小を訪れて

えて「地産地消給食の日」を実施し、保護者負担の一層の軽減に取り組んできたほか、国の新型コロナ臨時交付金を活用した地元産材活用支援事業として、「道の駅やいた」農産物直売所から学校給食の食材として地元産材を調達することで、市立小中学生に矢板産農畜産物のおいしさを実感してもらった。

「道の駅やいた」からの年間660万円の配当金は、市子ども未来基金に積み立てられていることから、地産地消の一層の推進を通じて本市学校給食の質を向上させていくことも新たな課題である。

学校施設の更新

――小中学校適正配置で生み出された財源を活用――

近隣市町と比較して小中学校の数が多かった矢板市では、これまで老朽化した学校施設の更新が大幅に遅れていた。

そこで市では、小中学校適正配置等によって新たに生み出された財源を活用し、施設の更新を加速させてきた。

まず、エアコンについては、平成30年の市立小中学校12校の普通教室のうち設置されているのは泉小学校1校だけで、設置率6・5％（139教室中9教室）は、県平均の82・5％を大きく下回り、県内25市町中23番目の設置率だった。

そこで市では平成30年の猛暑を受けて、翌年6月末までに全ての普通教室にエアコンを設置したほか、国の新型コロナ臨時交付金を活用し、矢板小学校、矢板中学校、泉中学校、片岡中学校の体育館にもエアコンを設置した。

令和6年度予算では、全ての特別教室にエアコンを設置するための経費として、

普通教室エアコン全校一斉稼動式にて

４９５０万円を計上している。

また、トイレについても、平成28年４月時点の市立小中学校のトイレ洋式化率は24・２%で、県内25市町中24番目という残念な状況だった。

そこで市は、平成29年度に大規模校である矢板中学校の整備を行って整備率を38・４%まで引き上げた上で、令和元年度には、当初予定していた東小学校に加えて矢板小学校についても工事を完成させた。

令和４年度には、矢板小学校体育館のトイレ洋式化や多目的トイレ設置も実施している。

校舎と体育館の築年数が50年に達しようとしている東小学校については、近年、豊《とよ》田《た》小学校と川崎小学校の一部が統合したことから、新たに校舎と体育館を建設することにした。

令和5年度には基本設計を実施し、その結果を保護者や地域の皆様にお示しした。

新校舎は、現在の鉄筋コンクリート2階建てと3階建ての校舎2棟を、1階を鉄筋コンクリート、2階を木造中心の1棟にまとめ、延床面積は5577㎡（従来比997㎡増）となる。また体育館も屋根部分を木造とし、延床面積は980㎡（従来比202㎡増）となる。

このほか校舎内に会議室などの地域開放施設を設けるほか、校舎と体育館を一体化し、避難所としても利用しやすい配置にした。

令和6年度予算では、実施設計のための経費として8200万円を計上しており、その後3年間で建設工事を行い、安沢《あんざわ》小学校の一部が統合する令和9年度末までに完成する道筋がつけられた。

学びのＤＸ
――先駆的な取組で一目おかれる存在に――

矢板市のデジタル戦略の基本指針となる「矢板市デジタル戦略」では、「行政」「暮らし」「産業」に加えて、「学び」の分野においては、「新時代に対応した人〝財〟づくり」を推進することとしている。

市ではコロナ禍の最中にあった令和2年9月、県内25市町のトップを切って、市立小中学校の児童生徒全員に学習用タブレット端末を配備した。

配備されたタブレットは、普段は授業で活用する一方で、家庭に持ち帰ってデジタル教材で学習することもでき、臨時休校時にオンライン授業もできるようになった。

令和3年12月に実施した調査では、タブレットを使った授業について、約9割の児童生徒が「わかりやすい」と回答し、また授業でのタブレット活用については、約8割が「もっと使いたい」と回答している。

また、市では令和2年10月、読書活動の推進と新型コロナ感染症対策のために、公

市立学校電子図書館「ともなりライブラリー」

立小中学校では全国初とされる市立学校電子図書館「ともなりライブラリー」を開館し、児童生徒は、端末から本人のIDとパスワードを使い、登録された電子書籍を読むことができるようになった。

そこで市内の小学生が図書館などで借りて読んだ本の総数は、令和元年度の4万8056冊から、令和3年度には13万9132冊に急増した。

こうした取組を通じて、本市の教育DXは全国的にも一目おかれる存在となった。

中学生放課後学習塾

――自主学習で学力向上を――

矢板市内の小学6年生は、平成30年度の全国学力テスト（全国学力・学習状況調査）で初めて、「国語A・B」「算数A・B」「理科」の全科目において、県平均だけでなく全国平均も上回る成績を収めることができた。翌年度も同様の好成績となるなど、小学生の学力向上は確かなものになっている。

一方、中学3年生は、平成29年度から令和4年度までの5年間で、全科目、そして全ての年度において、全国平均を上回ったことが一度もなかった。

そこで市では令和5年6月、高校受験を控えた中学3年生を対象として、中学校の教室に民間の塾講師を招いての無料塾、「矢板市中学生放課後学習塾」を開講した。

こうした取組は茂木町に次いで県内25市町中2番目となるが、生徒や保護者の皆さんの反響は非常に大きく、矢板中40名、片岡中20名という定員は、わずか3日間で達してしまった。そこで令和6年度に向けて、その内容を大幅に拡充するための予算が

放課後学習塾開講式で参加者を激励（矢板中）

組まれることになった。

この放課後学習塾の特長の一つに、自主学習、つまり学習する内容は生徒一人・人が決めるというものがある。

そこで中学1・2年生の復習はもちろん、苦手科目を講師の先生に教えてもらいながら克服しても良いとしたほか、高校入試のための勉強ではなく、英検対策をしても構わないとした。

放課後学習塾に参加する中学3年生の皆さんには、個々の学力を向上させ、希望する進路を実現するとともに、自分なりの「勉強のやり方」「勉強のスタイル」を確立してほしい。

将来のために、今、学ぶこと

この講演は、中学3年生が自らの進路を実現するに当たっての課題を見つけ、解決していく力を高めるための一助として、令和5年5月31日に矢板中学校の3年生に対して行ったものです。（5月22日には同趣旨の講演を片岡中学校の3年生に対しても行っています）

皆さんこんにちは！　ただいま御紹介いただきました、矢板市長の齋藤淳一郎です。

本日は、「将来のために、今、学ぶこと」というテーマでお話しします。矢板中学校の3年生の皆さん一人一人の進路を見つめ、そしてその夢を達成するために、今、何をすれば良いのかということについてヒントをお出しできればと思っていますので、どうぞよろしくお願いいたします。

また本日は、皆さんの進路選択に当たり、市長本人の経験を振り返りながら、夢実現のためにどのようなことをしてきたのかといった点について話してほしいと依頼されています。

私はもともと、抽象的な、ぼやっとした話をするのは苦手ですので、多少は皆さんのお役に立つかもしれないと思い、まずは、私がどのようにして政治家、矢板市長になったのか、自己紹介を兼ねて具体的にお話ししたいと思います。

私が初めて政治家になりたいと思ったのは、小学2年生の時でした。なぜ、小学2年生の時かと言い切れるのかと言いますと、この年は1980年で、史上初の衆参同日選挙、衆参ダブル選挙があった年だったからです。選挙権がない子供にもかかわらず、宇都宮の演説会場に連れていかれ、その熱狂ぶりを目の当たりにしたことが、政治家を目指すきっかけとなりました。

しかし、我が家は、家族にも政治家が1人もいない典型的なサラリーマン家庭でしたので、どうやったら政治家になれるのかは全然分かりませんでした。

そうした中で、小学5年生の12月に、「こうすれば政治家になれるかもしれない」という出来事に巡り合います。

これも、なぜ小学5年生の12月と言い切れるのかと言いますと、この年、1983年の12月に中曽根《なかそね》改造内閣が発足していますが、この内閣に入閣した内閣官房長官の藤波孝生《ふじなみたかお》さんと厚生大臣の渡部恒三《わたなべこうぞう》さんの二人が、「早稲田大学雄弁会」というクラブで同級生だったことが、新聞やテレビで盛んに報道されたからです。

最近では、大手家電メーカー、パナソニックの創業者である松下幸之助《まつしたこうのすけ》さんが始めた松下政経塾が有名ですが、当時はこの早稲田大学雄弁会が、「政治家の登竜門」「政治家の予備校」などと言われていました。

そこでまずは、この早稲田大学雄弁会に入って演説の勉強をするだけではなく、政界との人脈をつくって、選挙に出ようと考えました。

プロのサッカー選手を目指す人が、まずはサッカー強豪校の大学を目指すのと同じ発想だったと言えば、分かりやすいかもしれませんが、そこから勉強を始めて、大学に合格することができました。

早稲田大学雄弁会は平成の時代に4人の総理大臣を出していますが、この雄弁会で大学対抗の弁論大会に出場するだけでなく、政治家を招いての講演会やシンポジウムを企画したほか、大学2年生の終わりから、自民党幹事長を交代し、少し経って自民党副総裁になったＯＢの小渕恵三《おぶちけいぞう》先生の議員会館の事務所で、「書生《しょせい》」という表現は最近はあまり使いませんが、仕事の手伝いをしながら、政治の勉強をさせてもらいました。

また、大学では人文地理、経済地理を専攻していましたので、将来の矢板のまちづくりに生かそうと、全国各地でまちづくりの先進事例や失敗事例を見て回ったのもこの頃でした。

話は戻りますが、小中学校時代、政治家になるからには、児童会長や生徒会長くらいやっておかないと思い、今は廃校になりました西小学校では児童会長、この矢中では生徒会長、高校は大高《だいこう》に行きましたが、大高でも生徒会議長をやりました。

こうして生徒会の役員をやっていると、学校の代表として他の学校や他のまちの代表と関わる機会が多いわけですが、そこで「他の学校には負けたくない」「他のまちには負けたくない」という思いが、自分が住んでいる「矢板のまちを良くしたい」という思いに繋がっていったように思います。

大手居酒屋チェーン「和民」の創業者として成功した渡邉美樹《わたなべみき》さんという人、この人は女性ではなくて男性で、やはり参議院議員を1期やった人でもありますが、この人は、「夢や目標に日付を入れろ」ということを盛んに言っています。

皆さんも夢や目標があるのであれば、その夢や目標に向かって、1年後には〇〇する、5年後には〇〇する、そして〇年後にその夢や目標を実現するという日付を入れていくことをぜひお勧めしたいと思います。

何年か前にテレビのワイドショーを見ていたら、アメリカ大リーグ、エンゼルスの大谷翔平《おおたにしょうへい》選手が、高校時代に「目標達成シート」というのを作っていたことが紹介されていました。

大谷選手の母校、花巻東高校の野球部の監督がインタビューで、「数字や期限のない目標は、目標でない」と答えていましたが、そこで例えば、大谷選手は高校卒業後、プロ野球8球団からドラフト1位指名を受けるという目標達成のために、やるべきことがいろいろ書かれていました。

MCの千原《ちはら》ジュニアが「全12球団からドラフト1位」ではなく、「8球団からドラフト1位」というのが、たとえ夢にしてもやけに現実的だと言っていましたが、これも「夢や目標に日付を入れろ」ということに通じているのではないかと思いました。

ここでのポイントは、目標に向かって、単にやるべきことを積み上げていくのではなくて、まず、「○歳の時にこうなる」という目標をあらかじめ設定した上で、それに向かってどんな努力をしていくかという、目標から逆算して物事を考えるということにあるかと思います。

ちなみに私の場合はといいますと、県議会議員や市議会議員、市長の任期は4年です。

そして、ちょうど今年の4月にやりましたが、県議会議員や市議会議員を選ぶための統一地方選挙は、4年に1度の4月に実施されますし、矢板市長選挙はその1年後の4月にやってくるというスケジュールは、中学3年生の時から変わっていなかったので、1972年生まれの私からすると、県議会議員の選挙は、私が38歳、42歳、46歳の時、そして矢板市長選挙は、私が43歳、47歳、51歳の時にあることがわかっていましたので、何歳の時に何の選挙に立候補するかということを大学生の頃には真剣に考えていましたし、そこから逆算して、今、自分は何をすれば良いかということを、栃木県庁の職員になってもずっと考えていました。

もちろん、大学を卒業して県庁に入ったのも、将来、選挙に出るために、そして、選挙に当選して地方政治家になった場合に備えて、地方自治の現場でしっかりと政策を勉強し、また人脈を作っておきたいと考えたからです。

将来、政治家になりたいとか、矢板市長になりたいという人は、この中にはあまりいないと思いますが、この日本という国で地方政治家になるには、また少なくとも人口3万人の市の市長になるには、多少の運は必要かもしれませんが、生まれ持った素質や才能は、全く必要ないと思います。

そして、政治家という職業に限らず、今のウクライナのような戦争もない平和な民主主義国家である日本には、ティモンディ高岸《たかぎし》の「やればできる」ではありませんが、皆さん一人一人が努力さえすれば、必ずなれる職業が、たくさんあるはずです。

私は、県庁職員だった2002年4月から3年間、ジェトロ（日本貿易振興機構）の香港事務所に派遣され、東アジア・東南アジアの国々を飛び回っていたことがありますが、その中にはどこの国とは言いませんが、その国の政治体制や身分制度、宗教上の問題、又は経済事情などで、たとえ本人が一生懸命努力したとしても、希望する職業に就けないような国があったように思います。

そこで皆さんには、「やればできる」、「努力すれば、大抵のことは何とかなる」

という日本という国に生まれて、本当に良かったと思ってほしいと思います。

今の日本は、経済が落ち込んで格差が広がっていると言われていますが、他の国々に比べればまだまだ平等で、誰にでもチャンスのある国であるということを、私たちは幸せと思わなくてはいけないと思います。

5月5日こどもの日の下野新聞のコラム「雷鳴抄」に、成績学年ビリの女子高生が一念発起し、偏差値を40上げて慶應大学に現役合格した「ビリギャル」の話が掲載されていました。

本になって、また有村《ありむら》架純《かすみ》主演で映画化もされた、この「ビリギャル」の実話について、宇都宮北高の教頭先生が、それは決して奇跡の物語ではなくて、「どうしても行きたい大学が見つかれば、驚異的に成績を上げて合格した例は山ほどある」「心から欲したものには、生徒は信じられない力を発揮する」と強調していたことが紹介されていました。

繰り返しになりますが、皆さんは、「努力すれば、大抵のことは何とかなる」国に生まれてきた、幸せな人間なわけです。

そうであるならば、せっかくなのだから、その努力するスタートをもうちょっ

と早く切ってみてはどうですかということを、御提案したいと思います。

人生100年時代と言いますが、20歳前後でいったん社会人になってしまうと、仕事をしながらキャリアアップのためにできることは、どうしても限られてしまいます。

今のうちに「学ぶ、チャレンジ、夢実現」の第一歩を踏み出すことを、ぜひお勧めしたいと思います。

私はこれまで中学校の入学式で、新入生の皆さんに、「中学時代の3年間は、夢や目標を見つける3年間にしてください」と挨拶してきましたが、皆さんはもう3年生ですので、もうそろそろ夢や目標を見つけた上で、これからの進路選択を通じてその夢や目標の実現に向けて具体的に何をすべきか、真剣に考えてほしいと思います。

この中には夢や目標が見つからないという人がいるかもしれませんが、そういう人は、身近にいるカッコいいと思う大人、将来あういう人になりたいなという大人、これは近所の人でも、よく行くお店の人でも、また学校の先生やお父さん・お母さん、お祖父さん・お祖母さんでも良いと思いますが、そういう人が、これまでどんな勉強や経験をしてカッコいい大人になったのか、ちょっと大袈裟な言い方になりますが、研究してみることをお勧めしたいと思います。

企業の人材育成の世界では、考え方や行動のモデルになる人物を「ロールモデル」と言っていますが、将来の夢や目標をイメージしづらいというのであれば、皆さんは、そういった実在する身近な「ロールモデル」を試しに設定してみて、それに対して自分はどうかな？と考えてみてはどうかと思います。

こうしたことをお話しした上で、「矢板市中学生放課後学習塾」のＰＲをしたいと思います。

実は、本日の講話を引き受けた理由の半分は、この学習塾のPRができるからということでしたが、既に矢中分は早々に定員に達していますが、せっかくですので、この学習塾を市の事業として始めようと思った理由について、お話ししたいと思います。

この学習塾は、皆さん方、市内中学生の学力向上と進路実現を応援するために、受講料無料で、来月からスタートさせます。

本年度は、高校受験を控えた皆さん方、中学3年生を対象とし、教科は数学と英語で、1学期は毎週水曜日、2学期からは毎週水曜日と金曜日に、放課後2時間程度行います。

募集人数は、矢中、片中両校で60名程度、講師は、民間の塾講師6名の配置を予定しており、会場は各学校の教室を利用することとしています。

こうした事業は、茂木町に次いで県内2番目となります。

ここで少し厳しい話をさせてもらいますが、私は市長就任以来、市内小中学校の学力向上に取り組んできましたが、全国学力テストの結果は、小学生についていは2016年度は全科目で全国平均を3点以上下回っていたところ、翌2017

年度には全国平均との差は3点以内に縮まり、更に2018年度は全科目で全国平均を上回ることができました。

2019年度も、全科目で全国平均を上回っています。

その一方で、中学生については、2017年度以降、昨年度までの5年間にわたって、全科目、そして全ての年度において、全国平均を上回ったことが一度もありません。

端的に言えば、「矢板の子供たちは、中学生になると学力が下がってしまう」という極めて残念な状況にあります。

そこで今回、市がこのような塾を開講することとしました。

皆さん方には、ぜひ一人でも多く参加していただいて、夢に近づく一助にしてほしいと思います。


「自分は一般選抜じゃなくて、特色選抜目指しているから」と人ごとのように思っている人、この中に結構いると思いますが、それでは困るという理由を、私なりに2点挙げたいと思います。

1点目、これは皆さんの夢実現に大いに影響する話なのですが、特にこの日本という国は〝資格社会〟で、大人になっても勉強し続けていかなくてはならない国だということです。

そこで皆さんは、中学生のうちに受験勉強を通じて、自分なりの勉強のやり方を確立しておく必要があると思います。

言い換えれば、「勉強のやり方を勉強する」ことが受験勉強の目的だと思ってください。

大手生命保険会社の第一生命保険が、毎年、大人になったらなりたい職業を調査しています。

今年3月の調査結果によると、中学生男子の第1位は「会社員」、第2位は「ITエンジニア／プログラマー」、第3位は「公務員」です。

一方、中学生女子の第1位は「会社員」、第2位は「漫画家／イラストレーター」、第3位は「公務員」ということです。

これが、現実が少しずつ分かってくる高校生になると、男女とも第1位が、「会社員」、そして男女とも第2位が「公務員」、第3位は男子が「ITエンジニア／プログラマー」で、女子が「看護師」になりたいということです。

このうち、「漫画家／イラストレーター」以外は、例えば、「公務員」については、私も栃木県職員採用Ⅰ種試験の教養試験と専門試験というのを受けて県庁に入りましたが、矢板市役所であっても職員採用試験の筆記試験を受けなくてはいけません。

「看護師」についても全国統一の国家試験を受けなくてはいけませんし、また一口に「会社員」や「ＩＴエンジニア」と言っても色々ありますが、キャリアアップのためには会社に入ってからも試験を受け続けなくてはならないのが、日本の会社社会の実態です。

また、サラリーマンでなくて職人さんになるという人も、例えば板前さんであれば調理師免許が必要ですし、大工さんは特段の資格が要らないようですが、持っていると仕事が増えるような、お給料が増えるような資格や免許がいろいろあるようです。

そして、プロスポーツ選手を目指すという人についても、引退後のセカンドキャリアとしてどんな仕事に就くのか考えたとき、やはり勉強し続けていかなくてはいけないと思います。

社会人に必要な資格・免許は自動車の運転免許だけではないということを、良く理解しておいてほしいと思います。

ちなみに私は、大学時代に国会議員政策担当秘書の資格試験に合格し、県庁に入って初めて配属された大田原土木事務所の用地部では、用地買収の仕事に関連する行政書士と宅地建物取引主任者の資格を取得し、その後香港への駐在が決まれば英検のやり直しとTOEICに挑戦し、また市長になってからも、去年は防災士の資格試験にも合格しました。

資格自慢をするわけではありませんが、市長になっても受験勉強しなくてはいけないというのが日本の大人社会の実態だということを、重ねて理解してほしいと思います。

そして、夢や目標が見つからないという人には、先ほど身近にいるカッコいいと思う大人、ああいう人になりたいなという大人を見つけてくださいと提案しましたが、もう一点、とりあえずは受験勉強してみて、その中で「数字を見ているのが好き」とか、「文章を読み書きするのが好き」とか、自分の好きな科目や関心のある科目を見つけてみて、それを手がかりに、夢や目標に近づいてはどうかということも、合わせて提案したいと思います。

2点目は、矢板市長から、「まちづくりの担い手」である皆さんへのお願いとして聞いてほしいと思います。

現在の日本は、本格的な人口減少・少子高齢社会に突入しています。そこで、地方の人口減少に歯止めをかけ、地方に元気を取り戻す「地方創生」の取組が、盛んに展開されています。

例えば矢板市では、スポーツと観光を結びつけたスポーツツーリズムを推進しており、現在その拠点施設として、矢板駅の東側に、文化スポーツ複合施設を建設しています。

この「地方創生」にはいろいろな形がありますが、その中で教育環境の善し悪しが、移住・定住の決め手になると言われています。

皆さんが将来、大人になって結婚して、子供が産まれて、アパートを出て家をどこに建てようか考えた時の判断材料、土地が安かったり、職場から近かったり、交通や買い物に便利だったりと、判断材料としてはいろいろあると思いますが、その中の大きなポイントの一つに、教育環境の善し悪しがあると言われています。

そうした中で、「矢板の子供は学力が高い」ということは、「地方創生」における移住・定住の地域間競争を勝ち抜いていく上で、大きなプラスポイントとなります。

「子供の学力が高い」ということは、何を以て学力が高い低いと言うのかは議論の余地がありますが、そのまちのイメージを大きく向上させることに間違いありません。

この点において、これまで少なくとも全国学力テストの結果をみれば、皆さんの保護者、お父さん・お母さん世代からは、「矢板の子供の学力は高くない」と見られているという、残念な一面があるわけです。

矢板市は人口3万人の小さなまちですが、市内には総合選択制専門高校である矢板高校、県内に3つしかない中高一貫教育校である矢板東高校、そして私立のスポーツ強豪校である矢板中央高校という、3つの高校があります。

皆さん当たり前に思っているかもしれませんが、人口3万ちょっとのまちに高校が3つもあるのは、栃木県内ではこの矢板市だけ、全国的にも貴重な存在です。

こういった高校教育の面で、矢板市が多様な選択肢を移住・定住を考えている人に示せることは、大きなプラスポイントだと思っていますが、小中学校の教育面でも、「教育が盛んなまちづくり」実現のために、矢中の皆さんにもぜひ力を貸してほしいと思います。

今回の講話を引き受けるにあたって、国が出しているキャリア教育の資料を一通り読み返してみましたが、その中で、「人は、誕生から老年期に至るまで、その時々、その場面場面で、立場や役割を与えられている。」というくだりがありました。

そして、「中学生は、親から見れば子供だが、中学校に通う生徒でもあり、友達と遊ぶ余暇人でもある。」と例示されていました。

皆さんの中学生としての立場や役割に、私は、矢板市の「まちづくりの担い手」という立場や役割を付け加えてほしいと思います。

皆さんには「まちづくりの担い手」として、既にボランティア活動などをやってもらっていますが、「中学生放課後学習塾」への参加などを通じて、「教育が盛んなまちづくり」にも、ぜひ協力してください。

キャリア教育についての国の資料は、「これらの役割は、生涯という時間的な流れの中で変化しつつ、積み重なり、つながっていくものである。」と締めくくられていました。

そこで、ぜひ皆さんには、今後、適切な進路選択を通じて、立派な職業人、そして良き家庭人となり、その新たな立場や役割を通じて、近い将来、矢板市の発展に一層の力を貸してほしいと思います。

市としましても、普通教室へのエアコン設置やトイレの洋式化、更には県内初となる児童生徒全員への学習用タブレット端末の配備や、公立小中学校としては全国初となる学校電子図書館「ともなりライブラリー」の開館等を通じて、皆さんの学習環境の整備に力を入れてきました。

このほか、矢板中学校に対しては、一昨年、この体育館にエアコンを設置するとともに、今後、体育館の改修工事も予定しています。

また、こうした施設整備だけではなく、皆さん御承知のとおり、一昨年からは県内に2校しかないモデル校の一つとして、部活動地域移行のモデル事業にも取り組んでいます。

こうした市役所の頑張りも理解していただき、矢板市の発展に力を貸してもらえるよう最後に重ねてお願いし、講話を終わらせていただきます。

御清聴、誠にありがとうございました！

第5章　地域医療・福祉

グラウンドゴルフ大会の始球式にて

新型コロナ感染症対策①

――素早い初動で感染防止――

令和元年10月に初めて発生が報告された新型コロナウイルスは、全世界に感染が拡大し、栃木県でも翌令和2年2月22日に初めての感染者が確認された。

そこで矢板市では2月25日、あらかじめ設置していた「矢板市新型コロナウイルス感染症対策本部」（本部長：市長）において、県や県内の多くの市町に先駆けて「矢板市における会議・イベント等開催判断基準」を決定し、「高齢者や子ども及び障害のある方が多く参加するもの」「参加者が不特定多数であるもの」「長時間換気できない屋内で実施するもの」「他者との距離が近い状態（おおむね2m以内）で実施するもの」等を、中止又は延期の判断基準として具体的に設定した。

安倍《あべ》首相は2月27日に急きょ、3月2日から春休みに入るまでの間、全国の小中学校、高校等を臨時休校にすることを要請した。

この要請に対し、全国の学校や保護者には大きな驚きと戸惑いが広がったが、市で

新型コロナ感染症対策について記者発表

は既に定めてあった開催判断基準に即し、市内11の小中学校を臨時休校にすることを決定した。

その際、市では臨時休校となる前日・前々日となる2月29日（土）・3月1日（日）の2日間を臨時登校日とし、午前中に授業を行うことで、臨時休校中の学習の準備や心構えを指導するという独自の取組を行った。

当初は異論もあったこの取組だが、期間中の小学生の出席率は95・1％、中学生の出席率は93・4％と通常の登校日と変わらない出席率となり、所期の目的を達成することができた。

また、この取組は多くの全国紙や全国ネットのテレビ番組でも取り上げられ、大きな注目を集めた。

矢板小の学童保育施設を訪れて

安倍首相は休校要請に当たり、行政機関や民間企業に対して子どもの保護者への配慮を呼びかけていたことから、市長は3月5日・6日の両日、市内の109事業所を訪問し、休暇を取得しやすい環境づくりを要望した。

このほか長期休業モードで運営されることになった市内10の学童保育施設や豊田《とよた》小学校、乙畑《おつはた》小学校の2校で開設されている放課後子ども教室での感染対策を確認するために、4か所の学童保育施設と放課後子ども教室を訪問した。

こうした取組により、本市は新型コロナの感染第1波を感染者ゼロで乗り越えることができた。

新型コロナ感染症対策②

―「いのちを守る」取組を推進―

世界的な大流行（パンデミック）となった新型コロナウイルスの感染拡大は、栃木県への緊急事態宣言が令和2年5月14日に解除されて以来、矢板市でも徐々に落ち着きを取り戻しつつあったが、感染が完全に収束したわけではなく、また感染第2波にも備える必要があった。

そこで本市では、一連の新型コロナ感染症対策を「アフターコロナ矢板創生戦略」として取りまとめ、「いのちを守る」「経済を復興する」「学びを取り戻す」の3つを基本方針として掲げ、国の新型コロナウイルス感染症対応地方創生臨時交付金を活用しながら、感染症に強いまちづくりと本市における地方創生の実現を目指すこととした。

このうち感染拡大防止については、「いのちを守る」取組として、日ごろから徹底した対策に努めるとともに、万が一、市内から新型コロナの感染者が発生してしまった場合には、市民の皆様の生命と健康を守り抜く体制を整備することとした。

街頭で緊急事態宣言の発令を周知

具体的には、地域の拠点病院である国際医療福祉大学塩谷病院を始めとする市内の医療機関を支援するために、施設整備補助事業やオンライン診療整備補助事業を創設した。

また、矢板市も自ら簡易陰圧設備整備事業として、感染症発生時に活用する陰圧式エアーテントを購入したほか、防災活動支援事業として、「3密」になりがちな避難所などで活用するマスク、消毒液などの衛生用品を計画的に備蓄することとした。

また、令和2年から翌年の冬にかけては、インフルエンザの流行による医療機関の負担を軽減するために、予防接種の助成を成

国際医療福祉大学塩谷病院で医療従事者の皆様を激励

人（19〜64歳）に拡大し、また早期に予防接種したお子さんと高齢者には、市内で利用できる商品券2000円相当を提供し、接種率の向上と市内経済の活性化に努めた。

このうちインフルエンザにかかると重症化しやすいとされる高齢者の接種率は、令和2年11月時点で60・2％となり、前年同時期の44・1％を大きく上回った。

このほか令和3年度からは、塩谷病院の医師確保を支援するために市独自の医師確保対策補助金を設けるなどして、新型コロナ感染症対策に努めながら、中長期的には地域医療の充実強化につながるような取組も推進してきた。

新型コロナ感染症対策③
―ワクチン接種に全力―

全国的な混乱の中で開始された新型コロナウイルスのワクチン接種では、矢板市民の皆様にも多大な御迷惑と御苦労をおかけしてしまったことをお詫び申し上げます。

市では、市文化会館に県内有数の規模となる集団接種会場を設け、1日当たり最大840人に接種可能な体制を整備したほか、宇都宮市内に開設された県営「とちぎワクチン接種センター」に、宇都宮市に次いで2番目に多い1700人分の予約枠を確保し、そちらを利用いただく方には、接種勧奨として「道の駅やいた」の商品券4000円分を贈呈することにした。

また、新たに設置された「とちぎワクチン接種センター」の県北会場を市文化会館に誘致したことで、市民の皆様には一層の便宜を図ることができた。この会場を利用した市民の数は、延べ8123人に達した。

このほか本市では、新型コロナ感染拡大防止のため、大型連休期間中の令和3年4

人口10万人当たりの新型コロナウイルス感染者数

（令和4年9月26日現在）

順位 （少ない順）	市町名	人口 （R4.4.1 現在）	感染者数	人口10万人 当たりの感染者数
1	茂木町	11,489	847	7,372.27
2	塩谷町	9,972	741	7,430.81
3	那珂川町	14,619	1,130	7,729.67
4	**矢板市**	**30,522**	**2,667**	**8,737.96**
5	市貝町	11,025	1,023	9,278.91
6	高根沢町	28,977	2,708	9,345.34
7	益子町	21,378	2,003	9,369.45
8	大田原市	71,378	6,986	9,787.33
9	那須烏山市	24,116	2,361	9,790.18
10	那須町	23,568	,320	9,843.86

月29日から5月9日までの11日間、市民の皆様に対し、市外への不要不急の外出を極力控えていただく「矢板市巣ごもり宣言」を発令し、テイクアウトクーポン券の発行や各種の「親子で楽しめる巣ごもり応援企画」を通じて、新型コロナの感染リスクから少しでも遠ざかっていただくようお願いした。

　こうした取組の結果、本市の感染者数は、市町別の感染者数が公表されていた令和4年9月26日までで2667人にとどまり、人口当たりの感染者数は、栃木県内25市町の中で4番目に少ない数となった。

高齢者福祉

――持続可能な地域包括ケアシステムを推進――

高齢化が一層進行する中で、矢板市の令和6年4月1日現在の高齢化率は、県平均、全国平均を上回る34・93％に達している。

このように、市民の3分の1以上が既に高齢者という本市では、年齢を重ねていっても住み慣れた地域で自立した日常生活を送ることができるよう、住まい、医療、介護、予防、生活支援が一体的に提供される地域包括ケアシステムを、地域の実情に応じて推進していくことが一層重要となっている。

そこで市では平成29年度から、地域包括ケアシステムにおいて中心的役割を果たす地域包括支援センターを、社会福祉法人矢板市社会福祉協議会1か所から、社会福祉法人厚生会と医療法人社団為王会の2か所に増やし、民間活力の発揮と相まって利用者の利便性を大きく向上させた。

一方、高齢者支援施設のうち特別養護老人ホームの整備については、平成30年4月に、片岡地区で初めてとなる「たかくらの里」が29床で開所したほか、同年10月には泉地区にある「八汐苑」が30床の増床整備を行った。

このことで本市における特養入所待ちの高齢者数は大幅に減少し、要介護認定者数当たりの介護施設の定員も、県平均、全国平均をともに上回ることとなった。

このほか本市では、高齢者が要介護状態にならずに、健康でいきいきと暮らすことができるよう、介護予防体操やレクリエーション、専門職による個別相談等の介護予防事業を展開してきたほか、平成28年度から開始された「やいた元気シニア地域活動応援ポイント事業（お元気ポイント事業）」を通じて、市内高齢者の地域ボランティア活動や生きがいづくり活動を支援してきた。

こうした取組の成果もあって、本市の令和5年度末の介護保険財政調整基金の額は7億3千万円まで増加したことから、市では令和6年度から第1号被保険者の介護保険料基準額を月々5００円引き下げ、月額5５００円に減額することができた。

デマンド交通

――高齢者の足を確保――

平成11年4月に運行を開始した矢板市営バスには、高齢化の進行により、「バスの本数が少ない」「バス停まで遠い」といった声が多く寄せられていた。

そこで本市では、令和2年3月に「矢板市地域公共交通網形成計画」を策定した上で、令和3年10月から、事前予約制でそれぞれの出発地から目的地まで乗合い運行するデマンド交通を新たに導入するとともに、矢板地区中心部を巡回運行する市営バスの中央部循環路線を充実強化した。

自宅から市内の指定施設（公共施設や医療機関、商業施設等の63か所）への移動がドア・ツー・ドアで可能となったデマンド交通については、高齢者を中心に利用者が日増しに増え、令和5年度の登録者数は956人、延べ利用者数は1万3664人に上った。

本市版の地方創生総合戦略では、デマンド交通と市営バスの1日当たりの乗車人数

新たに導入されたデマンド交通

を令和7年度に80人にするという数値目標を立てていたが、令和4年度の時点で83・6人に達し、早々に目標を達成してしまっている。

　また、市がコリーナ矢板・玉田地区に対し、地域が主体となって運行内容を決定し、ドライバーも地域住民が担うという「地域共助型生活交通」の導入を提案したところ、令和3年10月に県内初となる地域共助型生活交通「コリンタ号」が運行を開始した。

　市が地域住民に補助金を交付するだけでなく、車両をリースして貸し出すこの取組は、県内初の事例ということもあり、各方面から注目された。

地域支援体制整備
――移動販売車の運行が実現――

地域支援体制整備事業とは、高齢になっても暮らしやすい地域づくりについて、地域住民自らが考え、助け合いによって実現していこうという取組である。

その推進役としては、「協議体」と「地域生活支援コーディネーター」という仕組みが作られており、このうち「協議体」について矢板市では、市全体を対象とする「第一層協議体」のほか、矢板、泉、片岡の3地区に、それぞれ「やさしい手」「泉ぼっちの会」「片岡ささえあいの会」という「第二層協議体」が組織されており、日ごろから地域課題を解決するための意見交換が行われている。

このうち「泉ぼっちの会」からの意見がきっかけとなって、市内で移動販売車が運行されることになった。

超高齢社会が到来する中で、クルマに乗れなくなってしまった高齢者が買い物に行けなくなって、〝買い物難民〟になってしまうことが危惧されており、地域の小売業の

移動販売者「すーぱーつぼみん号」での買い物風景

廃業がこれに拍車をかけている。

　そこで市では令和4年11月に、社会福祉法人矢板市社会福祉協議会、株式会社ビッグワン(那須塩原市)、株式会社ダイユー(那須塩原市)の3者と買い物支援・地域見守り等に関する協定を締結し、ダイユーが商品を供給し、ビッグワンが車両を運行する移動販売車「すーぱーつぼみん号」が運行を開始した。

　毎週月曜日と木曜日の2日間、市郊外の11か所で運行したところ、回数を重ねるごとに高齢者を中心に利用者が増え、盛り上がりを見せたことから、市では市内の高齢者サロン（きらきらサロン）の開催とタイアップするなどして、令和5年5月、同年11月と、販売拠点とルートを見直しながら運行を続けている。

健康づくり
――健康寿命をのばそう――

超高齢社会の到来によって、単なる長生きではなく、健康上の問題がなく日常生活を送れる期間である「健康寿命」の延伸が、大きなテーマとなっている。

そこで矢板市では平成29年3月に策定した市健康増進計画「第2期すこやか矢板21」の基本目標として「健康寿命をのばそう」を掲げ、各種施策を推進することとした。

平成29年度から各種健診を500円で受診できる「ワンコイン健診」を開始するとともに、個人情報の保護や行政区未加入者への対応のため、令和元年度分からは健診の申込方法を、保健委員による配布・回収から郵送に変更するとともに、集団健診のインターネット予約を開始した。

こうした取組の結果、令和元年度の国民健康保険特定健診の受診率は46・8％となり、平成28年度の受診率40・8％と比較して上昇した。

このほか市では平成30年7月から、市内の商業施設など市民の皆様にとって身近な

「まちなか保健室」での健康測定

場所をお借りし、「手軽に、気軽に、健康相談」を基本コンセプトとする「まちなか保健室」の取組を開始している。

この「まちなか保健室」では、学校の保健室のように、保健師、栄養士等による健康相談や血圧・体組成の測定などを行っている。

「まちなか保健室」と合わせて、市民の皆様の歩数の積み重ねや健康教室への参加などにより運動習慣を身につけ、健康への関心を一層高めてもらうために、「やいた健康ポイント事業」も開始した。

　この事業でのポイントの対象は、「歩く（歩数計で歩数をカウントする）」「測る（市の集団健診等を受診する）」「出掛ける（まちなか保健室に出掛ける）」「参加する（市の健康関連イベントに参加する）」の4つで、これらの取組に1ポイント当たり1円に相当するポイントを交付し、一人当たり年間最大1万円までを市内中小事業所で使える商品券などと交換できる仕組みとした。

　矢板市民の健康寿命は、令和元年時点で男性78・67歳、女性82・90歳で、県平均の男性79・47歳、女性83・65歳と比較して、ほんの少しずつ下回っていることから、県平均を上回る健康寿命を目指すとともに、健康寿命と平均寿命を少しでも近づけていくことで、「健康長寿のまち・矢板」を実現していきたい。

常設型サロン「いこいず」
――コンセプトは「大人の学校」――

現在、住み慣れた地域で生き生きと過ごすことができるよう、高齢者の方などが集う場所である〝サロン〟の取組が、全国的に注目されている。

矢板市でも令和6年4月5日、市初となる常設型サロン「いこいず」が、旧泉中学校に整備された「泉きずな館」内にオープンする。

（社会福祉法人）矢板市社会福祉協議会が運営する「いこいず」は、月曜日から金曜日までの週5日、午前9時から午後4時まで開くこととしており、泉地区にお住まいの方は、送迎サービスも利用できる。

そして、「いこいず」のコンセプトは、「大人の学校」である。

「いこいず」を訪れる人たちには、「算数」で脳トレに挑戦し、「体育」で体を動かし、また「給食」を食べるといった、学校の授業に見立てた様々な講座に挑戦してもらう。

ただし、お茶だけ飲みに来る方も歓迎する。

「いこいず」の広報チラシ

また、「泉きずな館」に移転してきた泉保育所や地域の子どもたちと定期的に「多世代交流」を行うことも計画されている。「いこいず」のオープニングイベントにも、泉保育所の園児が駆けつけてくれることになっている。

このように「いこいず」は、単に泉地区の高齢者の介護予防や生きがいづくりの拠点としてだけでなく、地域みんなの居場所として活用されていくことを見据えている。

こうした「いこいず」の新たな取組が、成功事例となって市内各地に波及していくことを願っている。

第6章 防災減災、市民生活

矢板市制施行 60 周年記念式典にて

防災行政無線

――聞こえにくさ解消に努力――

平成28・29年度に実施した市長との意見交換会「未来づくり懇談会」では、矢板市内各地で、防災行政無線の聞こえにくさについての意見を多数頂戴した。

そこで市では、平成30年1月に防災行政無線の聞こえ方に関するアンケート調査を実施した。

市内全世帯を対象としたこの調査では、約43％に当たる４３４４世帯から回答があったが、屋内での防災行政無線の聞こえ具合について、「聞こえる」と回答があったのは、８６９世帯にとどまった。

この結果を受けて市は、令和２年度から同報系防災行政無線通信設備整備工事を実施し、希望する個人や事業所に対して戸別受信機を無償貸与するとともに、音達状況が著しく悪い箇所については高性能スピーカーへの交換を行うことで、聞こえにくさの改善に取り組んできた。

防災行政無線のスピーカー

令和4年度までに約1200台の個別受信機を貸与するとともに、土砂災害警戒区域内にある世帯に対しては、区域ごとに専用放送を受信できる受信機も貸与した。

このほか市では、防災行政無線が聞き取れない場合の対応として、フリーダイヤル0120－63－5151、又は0287－43－5151に電話すると、防災行政無線で24時間以内に放送された気象情報のほか、火災やミサイル発射情報などを聞くことができる仕組みの周知にも努めてきた。

こうしたあらゆる手段を通じて、一人でも多くの市民の皆様に、防災情報が迅速かつ正確に伝達されることで、今後とも市民生活の防災・減災のお役に立っていきたい。

令和元年東日本台風

――「想定外」に備えた対策必要――

令和元年10月12日から13日にかけて栃木県を直撃した令和元年東日本台風（台風19号）により、矢板市では市西部を流れる中川《ちゅう》が決壊するなどして、半壊7棟、一部損壊9棟、床下浸水40棟の住家被害が発生したほか、多くの公共土木施設や農地、農業施設が被災した。

市では災害復旧に全力で当たるとともに、令和2年7月に「矢板市防災ハザードマップ」を発行し、市内全戸に配布した。

ハザードマップとは、災害を予測し事前準備をするために災害の発生可能性のある場所を示した地図のことを言うが、この矢板市防災ハザードマップでは、県が新たに指定した内川の洪水浸水想定区域を表示するとともに、土砂災害（特別）警戒区域の指定やダム下流域の宮川や荒川の浸水想定なども反映した内容となっている。

また、体裁をB４サイズの冊子型とし、地図だけでなく、各種災害への対応や屋内・

令和元年東日本台風で土砂が流入した市運動公園野球場

屋外での安全対策、非常持出し品に関する情報など、防災に関する情報を広範囲に分かりやすく掲載しているところにも特長がある。

その後、県で新たに作成された浸水想定リスク図をもとに、市は令和4年4月に中川と江川での浸水リスクハザードマップも作成し、各戸配布した。

本市は、全国的に自然災害が少ないとされる本県の中でも、特に自然災害が少ないまちだった。しかし、地球レベルの気候変動により、「想定外」の自然災害の発生可能性が高まっている中で、今回の令和元年東日本台風災害によって、ハード、ソフト両面にわたる防災・減災対策の必要性を再認識させられた。

地域防災力

――「共助」の精神で想定外に備える――

災害発生時の活動には、「自助」「共助」「公助」の3つがあるとされている。

このうち自主防災組織は「自分たちの地域は自分で守る」という「共助」の精神に基づき、行政区が母体となって自主的に防災活動を行う任意団体であり、矢板市では65行政区中43行政区で設置されている。

本市では、令和2年度に新型コロナ臨時交付金を財源とする防災活動支援事業を創設し、市内の6行政区が自主避難所の強化に取り組んできた。

更に令和3年度には、ハッピーハイランド矢板行政区に一般財団法人自治総合センターのコミュニティ助成事業の活用を促し、大規模な避難所資機材が整備された。

また、特定非営利活動法人日本防災士機構が認定する防災士には、「共助」を実践する地域防災のリーダーとしての役割が期待されている。

そこで本市は令和2年2月、市独自で防災士養成講座を開催し、市消防団や自主防

市長自ら防災士として防災訓練で指導

災組織の関係者など50名が参加した。令和4年度には市長自らも防災士資格を取得し、防災訓練で指導に当たってきた。

令和5年3月には、「自主防災組織と消防団との連携体制確立に向けた合同訓練」が初めて実施された。この訓練では、消防団員が地元行政区を回り、災害用資機材の点検などを行うとともに、自主防災組織のメンバーと顔合わせすることで、一朝有事の際には強固な連携が図れるようにした。

「想定外」の災害の発生可能性が高まる中、行政による「公助」だけでは限界があることから、今後とも「共助」の連携体制を強固にし、想定外に備えていきたい。

指定廃棄物

――浄水汚泥をいち早く処理――

平成23年3月の福島第一原子力発電所事故で発生した高濃度の放射性物質を含む指定廃棄物のうち、栃木県内の農家の敷地で一時保管されている農業系指定廃棄物については、市町村長会議での議論を経て、市町単位での暫定集約が進められてきた。

矢板市においても15・9tの農業系指定廃棄物が一時保管されているが、本市の指定廃棄物の282・6tのうち250tは、浄水処理中の沈でん処理工程で生じた浄水汚泥であり、寺山浄水場に保管されていた。

この浄水汚泥の放射能濃度は、平成28年6月に実施された再測定の結果、指定廃棄物の基準値である1kg当たり8000Bq《ベクレル》超を下回る5816Bqまで減衰したことが確認されたことから、環境省は指定廃棄物としての指定解除も可能との見解を示した。

そこで本市は放射能濃度の再々測定を依頼したところ、令和3年11月22日時点で、基準値の半分以下となる1kg当たり3974Bqまで減衰したことが判明したことから、

矢板 浄水汚泥の指定解除

市と環境省 県内で初、処分法非公開

どうする 指定廃棄物

環境省が、矢板市内で保管されている東京電力福島第一原発事故で発生した放射性物質を含む指定廃棄物の約9割にあたる浄水汚泥を11日に指定解除することが9日、わかった。これを受けて同市は今夏をめどに処分を進める。県内で浄水汚泥の指定解除が決まったのは初めて。

市によると、指定解除されるのは、同市長井の寺山浄水場に保管されていた浄水汚泥250㌧。河川の水を浄水処理した際に発生したもので乾燥されている。

昨年11月の調査で放射性物質の濃度が自然減衰によって基準値（1㌔・㌘あたり8000ベクレル超）を下回る3974ベクレルになっており、市が環境省と解除に向けた協議を進めていた。

今後、市が処理実績を持つ市外の業者に依頼して処分する。処分費用は約1700万円で、環境省からの補助金で全額をまかなう見込み。市は処分方法については、「風評被害の恐れがあるので公表できない」としている。

一方、同市に15・9㌧ある農業系の指定廃棄物については、処理の見込みは立っていない。斎藤淳一郎市長は「長年の懸案が一歩前進してホッとしている。残る農業系指定廃棄物の暫定集約に一層注力したい」としている。

読売新聞栃木版 令和４年４月10日付け

環境省との協議を実施し、令和4年4月11日付けで指定廃棄物としての指定が解除された。

その後、処理経費1700万円の全額が環境省から補助金として交付され、指定解除後の処理実績を有する事業者によって令和4年6月中に処理が完了した。

本市で一時保管されている指定廃棄物の88%を占める浄水汚泥が処理されたことは、本市が指定廃棄物処理を推進

していく上で大きな前進となった。

そして今後は、農業系指定廃棄物の暫定集約に一層注力することで、指定廃棄物最終処分場（長期保管施設）を必要としない環境づくりに少しでも貢献していきたい。

なお、国は「指定廃棄物の処理は、排出された都道府県で行う」という方針を崩していないが、県内で一時保管を余儀なくされている指定廃棄物は、本当に「県内で排出された」と言えるのだろうか。

県外の原発事故で拡散した放射性物質が県内に落下したことで発生した放射性廃棄物が指定廃棄物であるが、原因となった放射性物質はもともと県内に存在していなかったはずだ。

にもかかわらず「県内で排出された」と表現されることで「汚染者責任原則」があいまいになり、指定廃棄物の各県処理が正当化されてしまっている現状には、引き続き異議を唱えていきたい。

気候変動対策

――県内初のクーリングシェルター開放――

矢板市では令和4年4月、脱炭素社会を実現するために、2050年までに温室効果ガスの排出を実質ゼロにする「2050年ゼロカーボンシティ」を宣言した。

そして令和5年度からの9年間を計画期間として、「矢板市地球温暖化対策実行計画（区域施策編）」と「矢板市気候変動対策計画」を策定していたが、令和5年4月に改正され1年以内に施行されることになった新たな気候変動適応法では、熱中症対策が強化されることになった。

そこで本市でも、熱中症による救急搬送が令和4年度に11名、令和3年度に10名発生していた状況を踏まえ、クーリングシェルター（暑熱避難施設）として市内7か所の施設を指定した。

クーリングシェルターとはその名の通り、冷房の効いた施設内で暑さをしのいでもらう施設であり、本市では熱中症警戒アラートが栃木県内に発表された際に市民の皆

クーリングシェルターとなった市内商業施設

様に開放することとした。この取組は県内で初めての取組となった。

市有施設である市生涯学習館、市立図書館、泉公民館、片岡公民館の４か所に加えて、市内の民間事業者にも御協力いただき、ダイユー矢板店、ベイシア矢板店、ヨークベニマル矢板店、サンユー片岡店でもシェルターを開設してもらった。なお、本市では引き続き、協力してくれる施設を公募している。

このように本市では、まず年々暑くなる夏を市民一丸となって乗り越えていくことで、２０５０年ゼロカーボンシティの道筋を確かなものにしていきたい。

女性議会

――持続的な取組にも感謝――

令和5年6月に日光市で開催されたG7男女共同参画・女性活躍担当大臣会合に先駆け、矢板市では初めてとなる女性による模擬議会が、同年3月に開催された。

この模擬議会の目的は、女性の市政への参画を一層促進するとともに、市民の皆様には男女共同参画への関心と理解を深めてもらい、本市が掲げる「認めあい 分かちあい 補いあう 男女共同参画社会」実現の一助にしてもらうことにあった。

当日は市議会本会議場で、16名の模擬女性議員から本市の課題や目指すべき姿について、本会議一般質問のスタイルで意見や提言をしてもらい、市長以下の執行部はそれらに対して真剣に答弁するとともに、頂戴した意見等については庁内で検討し、今後のまちづくりに反映させてもらうこととした。

女性議員をお願いした皆様は、いずれも市内在住・在学で、起業されたり、日ごろからまちづくりやボランティア等で活躍されたりしている方たちで、年代も16歳の高

女性議会で女性議員の質問に答弁

校生から、68歳のシニアまでとバラエティーに富んでいる。

また、女性議員の皆様はこの模擬議会を一過性のものとせず、その後も勉強会を重ねるなどして、令和6年3月には、女性目線による「みんなにやさしい避難所のあり方についての提言書」を御提出いただいた。

提言書を受け取るに当たり、その尽力に感謝するとともに、本市の男女共同参画社会づくりをより前進させるために、一層の力添えをお願いした。

第7章　社会資本整備

矢板北スマートＩＣ開通式で挨拶

矢板北スマートＩＣ

――本市発展の礎に――

令和３年３月、下太田・長井にある東北自動車道矢板北パーキングエリア（ＰＡ）に、矢板市にとって２番目のインターチェンジとなる矢板北スマートインターチェンジ（ＩＣ）が開通した。

スマートＩＣの整備に当たっては、本市と東日本高速道路株式会社（ＮＥＸＣＯ東日本）が策定した事業計画をもとに、平成28年７月に国から連結許可を受けた。そして平成29年度に国庫補助事業の採択を受け、総額10億７６００万円に上る事業費を確保できる見通しが立った。

平成30年10月までに地権者の方全員から用地の協力をいただき、アクセス道路となる市道の新設工事を順次発注したほか、栃木県には２次アクセス道路となる県道県民の森矢板線を整備してもらった。

このように多くの関係者の尽力により、事業着手から４年という極めて短期間で開

矢板北スマートＩＣ（上り線）入口

通にこぎつけることができた。

県内でＩＣ間の距離が最も長い矢板ＩＣ・西那須野塩原ＩＣ間の18・9㎞区間に新たなＩＣが整備されたことで、本市北部地域や中心市街地から高速道路までの到達時間が大幅に短縮された。

このことで、多くの市民の皆様や企業がより便利に高速道路を利用できるようになっただけでなく、観光客誘致にも大いに有利となった。

矢板北スマートＩＣは今後とも、本市発展の礎となることが期待されている。

国道4号整備

――全線4車線化に向けて着実に促進――

栃木県を縦貫する一般国道4号は、県南部から順次整備が進められており、平成25年3月には、高根沢町上阿久津・矢板インターチェンジ（IC）間の「氏家矢板バイパス」（延長13・9㎞）が、全線4車線で開通している。

しかし、その先線に当たる矢板市から大田原市を経て、那須塩原市に至る2車線区間については、朝夕の通勤時間帯を始めとして渋滞が著しく、本市の市民生活や産業に大きな悪影響を与えている。

そのような状況のもとで、平成27年4月に新規事業化された本市片岡から針生《はりう》に至る「矢板拡幅」（延長6・5㎞）については、各種の調査業務を経て、令和3年度からは用地取得が開始された。令和5年度には4億2000万円の事業費が計上され、前岡地区で工事も開始された。

その先線となる針生から那須塩原市三区町までの「矢板大田原バイパス」（延長7・

国道4号「矢板拡幅」の工事現場（前岡地区）

9㎞）についても平成31年4月に新規事業化され、2億1000万円の予算が計上された令和5年度からは、土屋地内で用地取得が開始されることとなった。

国道4号の整備は国の直轄事業によって実施されることから、市では国に対して予算確保を引き続き要望するとともに、令和5年度から市職員1名を国土交通省宇都宮国道事務所に派遣し、地元調整に当たらせている。

整備区間に接続する市道整備を推進するとともに、沿線での産業団地開発を検討するなどして、その整備効果を一層高めていくことも今後必要である。

都市再生整備

――補助事業導入し、整備を進める――

（1）長峰公園の再整備

矢板市では矢板駅周辺において、令和３年度から7年度までの5年間、国の都市構造再編集中支援事業による都市再生整備に取り組むこととした。

このうち基幹事業である長峰公園の再整備については、令和３年度に修景池の護岸改修、令和４年度には手すりの設置、そして本市版の立地適正化計画策定により補助率が40％から45％に引き上げられた令和５年度については、つつじの再整備工事を実施した。

（2）都市計画道路「わかば通り」の整備

これまで困難とされてきた上田医院・中央通り間の都市計画道路「わかば通り」の整備については、再チャレンジを期し、令和元年11月に都市計画変更の説明会を開催

改修された長峰公園修景池

し、令和2年4月には都市計画が変更決定された。

この道路整備についても、都市構造再編集中支援事業を導入して用地を取得し、令和5年度には用地取得を継続しながら、工事にも着手した。

(3) 富田アンダーの改修

令和元年10月の令和元年東日本台風により、都市計画道路「中央通り」の富田アンダーは、構内にあった電気室が浸水し、排水できなくなってしまったことで冠水し、一時、通行止めになってしまった。

そこで電気設備自体も老朽化していたことから、市では新たに地上に用地を確保した上で、都市構造再編集中支援事業の一環として電気室を新築した。

市営住宅

――適正配置計画を定めて解体を推進――

平成29年3月に策定された「矢板市公共施設等総合管理計画」は、市内133の市有施設、延床面積14万7746㎡を対象としているが、このうちの約27%、延床面積3万9541㎡を市営住宅が占めていた。

そこで、本市における公共施設再配置には、老朽化した市営住宅の適正配置が必要不可欠となっていた。

本市の市民千人当たりの市営住宅管理戸数は、栃木県内14市の中で最も多く、昭和40年代に建築した簡易構造の低層住宅である荒井、上太田、乙畑《おつはた》の3団地48棟と、鉄筋コンクリート造の中層住宅である中《なか》、高倉、石関、乙畑、上太田の5団地15棟、計63棟614戸の市営住宅を管理していた。

そこで市では市営住宅について、民間活力を活用した効率的・効果的な管理運営をするために、令和3年度から指定管理者制度を導入するとともに、同年12月に策定し

更地化された市営上太田住宅跡地

た市営住宅適正配置計画において、当初の半分以下となる11棟290戸のみを管理するという削減目標を掲げ、適正配置の取組を加速させることとした。

このうち1期計画に基づき、まず、令和5年度には上太田住宅の低層住宅6棟を解体し、更地化した。

今後は、令和元年度にその一部を解体している荒井住宅について、入居者の方の利便性向上のためにも転居に御協力いただき、全ての建物を解体した上で、跡地全体での新たな土地利用を検討していくこととしている。

空き家対策
―官民一体の対策を推進―

人口減少・少子高齢社会の到来により、空き家の増加が大きな社会問題となっており、国においても空家等対策特別措置法が制定されるなどして、対策が本格化している。

矢板市でも、平成29年度に実施した空家等実態調査において、戸建住宅総数約1万4500戸の2・4％に当たる352戸が、空き家と判断されていた。

そこで市では、官民一体となった空き家対策に乗り出すこととし、まず平成29年5月に栃木県宅地建物取引業協会と「空き家バンク媒介に関する協定」を締結し、同年6月から空き家バンクの運用を開始した。令和元年10月からは空き家バンクに空き地の取扱いを追加している。

また、平成31年3月には本市版の空家等対策計画を策定し、国の交付金を充当できる「空家等活用支援補助金」と「空家等解体費補助金」を創設した。

空き家対策推進に関する協定を締結

令和3年2月には、公益財団法人矢板市シルバー人材センター、矢板市建設業睦会、全建総連栃木建労矢板支部との間で、「空き家等対策の推進に関する協定」を締結し、空き家の管理、修繕、解体に関する相談にスムーズに対応できる体制を整備した。

そして同年6月には、市内の片岡四区、コリーナ矢板行政区と、「空き家等対策の推進に係る情報提供に関する協定」を締結し、空き家を早期に把握することで、空き家所有者等に適正管理や再活用を促し、管理不全状態の空き家を未然に防ぐ取組も開始している。

認定外道路整備
――「スーパー道ぶしん補助金」創設――

認定外道路とは、道路法が適用されていない市道、県道、国道以外の道路のことを言い、矢板市内だけでその総延長は少なくとも100㎞あるとされ、市道総延長の3分の1に匹敵している。

こうした認定外道路の多くは身近な生活道路であることから、市ではこれまで、各行政区で「道ぶしん原材料支給制度」を活用してもらい、その整備をお願いしてきた。

しかし近年、未舗装道路の舗装や簡易舗装の打替え等の要望が増加する一方で、地域社会の高齢化によるマンパワー不足などにより、地域での整備が困難になってきた。

そこで市では、地域の皆様の負担軽減を目的に、幅員3m以上といった一定の要件を満たす認定外道路を対象に、その舗装整備や修繕を行う行政区に対し、100万円を上限として工事費用を補助する「スーパー道ぶしん補助金」を令和6年度に創設し、当初予算に2千万円を計上した。

「スーパー道ぶしん補助金」の広報チラシ

従来の「道ぶしん原材料支給制度」が、工事に必要な原材料を支給するものの、具体的な整備は地域住民自らの労力で行ってもらうのに対し、「スーパー道ぶしん補助金」では、建設機械のリース料やオペレーター代を始めとして、認定外道路の舗装整備に要する費用の一切を補助する。

「道ぶしん原材料支給制度」と同様の制度は、栃木県内の他市町にもあったが、このように工事費用全てを補助する本市の新たな制度は、県内に例がないとされている。

地籍調査

――中心市街地での調査に着手――

矢板駅西側の中心市街地は、法務局備付けの公図と実際の境界が大きく異なる「公図混乱」状態にあることで、これまで土地の売り買いや貸し借り、更には公共事業の実施にも大きな支障を来し、その結果、土地の価値を大いに下げるという残念な状況が、長年にわたって放置されてきた。

当初、この区域については、公図整備のための地籍調査を実施することはできず、その混乱を解消するためには、権利者全員の同意が必要な集団和解方式か区画整理しかないといわれてきたが、いずれも現実的な手法ではなかった。

そこで、矢板市では平成30年度から、中心市街地の中でも公図混乱の度合いが比較的軽い区域から地籍調査を開始するとともに、国土交通省から派遣された地籍アドバイザーの助言に基づいて詳細な基礎資料を作成した上で、宇都宮地方法務局と協議した結果、令和5年度から6年度にかけて、本市公図混乱の〝本丸〟というべき扇町《おうぎちょう》一

扇町交差点で地籍調査の必要性を訴える

丁目・同二丁目地内の約47haについても、地籍調査を実施することが認められた。

令和5年8月に開催された事業説明会には、100名を大幅に超える関係地権者に御出席いただき、期待の大きさを痛感した。

市としても「地籍調査なくして中心市街地の活性化なし」という強い覚悟で引き続き調査に取り組んでいくとともに、公図整備後の中心市街地の土地取引を活性化させるための施策も合わせて推進し、中心市街地にかつての賑わいを取り戻していきたい。

ハッピーハイランド排水処理施設
――市への移管が実現――

高度経済成長期に都市近郊で整備された住宅団地の老朽化が問題となっている中で、矢板市では令和2年4月、市内にある住宅団地「ハッピーハイランド」の排水処理施設が市に移管された。

この施設の取扱いについては、平成7年3月に市営化の陳情が提出されて以来、20年以上にわたって懸案事項となっていた。

市議会が平成8年3月に公共下水道接続の請願を採択したものの、その後の進展がなく、また東日本大震災で長期間の断水に見舞われてからは、市設置型の個別合併浄化槽が地元から提案されるなど、紆余曲折をたどってきた。

こうした状況のもとで、市が平成28年度以降、関係者と精力的に協議してきた結果、平成31年2月に、市とハッピーハイランド矢板行政区との間で施設移管に関する協定書が締結された。

今回の排水処理施設の移管を通じて、ハッピーハイランドの住宅団地としての価値が再評価され、定住人口が増加に転じる契機になることを期待したい。

第8章　行財政改革

過去最大の令和５年度一般会計当初予算を発表

財政再建

――基金残高は過去最高に――

「平成の大合併」から取り残されてしまった矢板市は、合併した市町村だけが発行できる合併特例債を1円も発行できなかったことで、周辺市と比較して財政的に大変苦しくなってしまった。

また、本市では、前市長からの積み残しである塩谷広域行政組合のごみ焼却施設建設事業やとちぎフットボールセンター整備事業、更には矢板北スマートＩＣの整備や「いちご一会とちぎ国体」開催に向けた矢板運動公園の改修といった大規模事業を実施する必要にも迫られていた。

そこで市では、こうした大規模事業を着実に推進する一方で、「各種補助金、交付金の活用」「税外収入の確保」「民間活力の導入」といった行財政改革を積み重ねることで、財政再建に努めてきた。

こうした取組の結果、過去最大の１５０億９３００万円となった本市の令和５年度

矢板市の基金残高の推移（毎年度末）

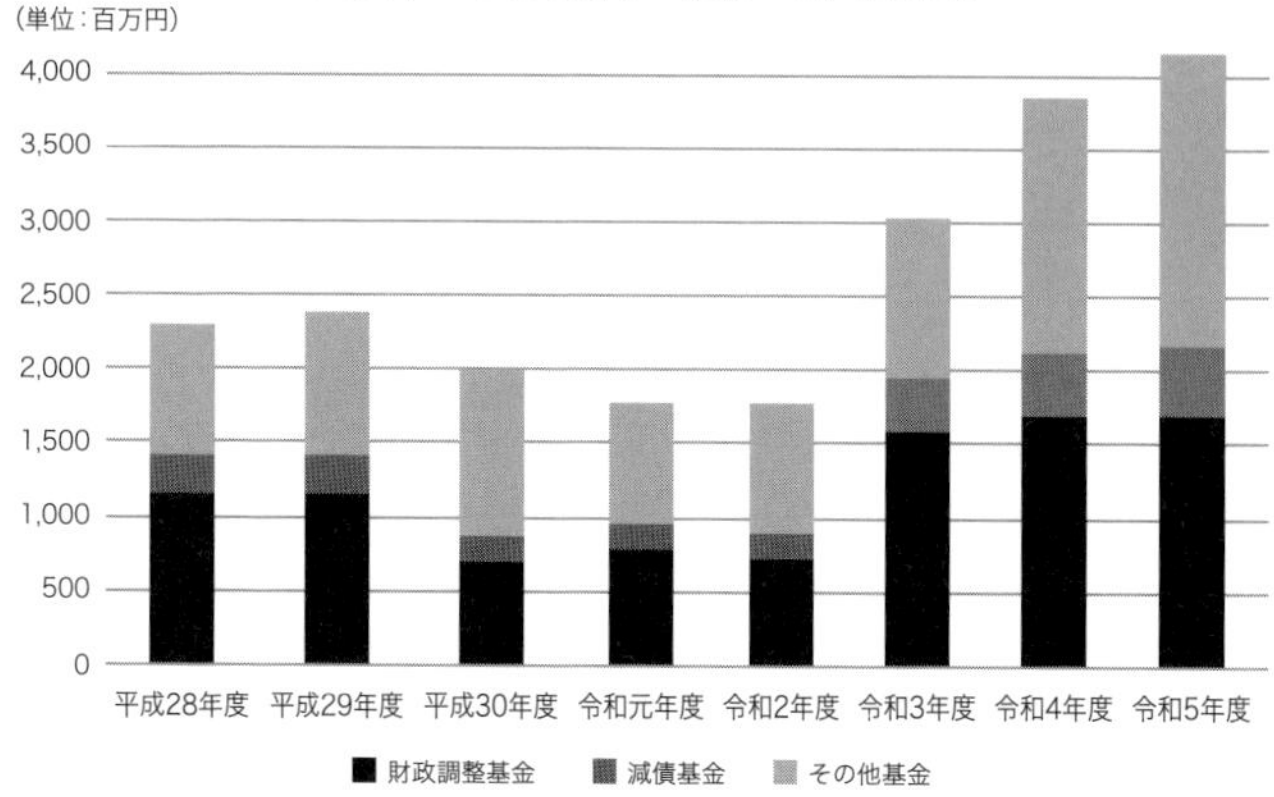

一般会計当初予算において、市の純然たる〝貯金〟に当たる財政調整基金は16億８７００万円に達し、過去最高を更新したほか、近年の施設整備で増加した市債返還に充てる減債基金にも４億３６００万円を積み立てた。

そしてその他の特定目的基金を加えた基金残高は総額38億６２００万円余に上り、過去最高となった。

令和６年度当初予算では、基金残高は一層増加し、41億５千万円に達しようとしている。

「平成の大合併」に取り残されてしまった本市だが、このように財政再建の道筋をつけることで、未来への投資の準備ができたのだった。

ふるさと納税
――多様な手法で寄附額アップ――

ふるさと納税とは、自分の選んだ地方自治体に寄附（ふるさと納税）した場合に、寄附額のうち２０００円を超える部分について、一定限度額まで所得税・個人住民税の全額が控除される制度であり、地方自治体にとっては、税外収入確保の有力な手法となっている。

平成26年度に20万円に過ぎなかった矢板市のふるさと納税寄附額は、平成28年度は1億７５０1万円、29年度は1億５７４８万円と増加し、いずれも栃木県内３位の寄附額となった。

そして平成30年度には、県内２番目となるふるさと起業家支援プロジェクトとしての「クラウドファンディング型ふるさと納税」を導入するなどした結果、寄附額は３億８５８1万円に達し、県内最高の寄附額となった。

また、令和３年度から新たに導入した地方創生応援税制、「企業版ふるさと納税」に

1億円寄附の返礼品となった防災シェルター

は、年度内に3社から計6010万円の寄附があり、各企業からの申し出に基づき、文化スポーツ複合施設建設事業や地域共助型生活交通運行事業等に充当させてもらった。

そして、令和3年12月には全国最高額となる1億円の寄附があり、返礼品の地下型防災シェルター（市内企業が製造）がマスコミ報道され、全国的に大きな話題となった。

令和4年度からは、返礼品の発掘・開発、磨き上げをミッションとする地域おこし協力隊を新たに採用しているが、今後ともこうした取組を通じて、ふるさと納税の自治体間競争を勝ち抜いていきたい。

泉きずな館

——公共施設複合化のモデルケースに——

人口減少社会の到来に伴い、矢板市は平成29年3月に「矢板市公共施設等総合管理計画」を策定し、今後30年間で133の市有施設を延床面積で40％削減するという数値目標を設定した上で、その目標を具体的に達成するために、平成30年3月には「矢板市公共施設再配置計画」を策定した。

この再配置計画では、市有施設全てについて、「廃止・譲渡・貸付」「長寿命化・改修／更新」、そして「統合／複合化」という方針を打ち出した。

このうち「統合／複合化」のモデルケースとしては、令和6年3月にオープンした「泉きずな館」が挙げられる。

「泉きずな館」は旧泉中学校の校舎等を活用し、泉地区にある泉公民館や泉保育所、泉はつらつ館、郷土資料館といった施設を集約するとともに、矢板地区にあり、市社会福祉協議会、市シルバー人材センター、市施設管理公社が入居する「きずな館」を

泉きずな館完成記念式典で挨拶

移転し、複合化した施設である。

この施設の整備に当たっては、泉地区の行政区長や泉地区小さな拠点づくりプラン検討委員会の皆様に尽力いただき、また県の小さな拠点づくり促進事業の採択も受けることができた。

令和6年3月1日時点の泉地区の高齢化率は43・76％であり、市全体の34・82％を大きく上回っている。

そこで人口減少・超高齢社会にも対応できる地域づくりを、泉地区の新たなシンボルとして整備した「泉きずな館」を拠点として展開されることが期待されている。

フットボールセンター
――「民設民営」手法で整備――

平成31年4月、矢板駅東側の市有地に、とちぎフットボールセンターがオープンした。

前市長時代に計画されたフットボールセンターの整備計画は、栃木県内で矢板市のほかに小山市が候補地に選ばれたことや、県サッカー協会の補助金算定ミスなどにより、市の負担額は、一時、10億円まで膨れ上がってしまった。

そこで市では規模を縮小した上で、「土地の無償貸付」「固定資産税相当額の補助金交付」という全国的に例のない「民設民営」手法により、フットボールセンターの整備と運営を、サッカー関東リーグの「ヴェルフェたかはら那須」を運営する特定非営利活動法人たかはら那須スポーツクラブに委ねることにした。

その結果、市の負担額は当初の10億円から1億円に削減されるとともに、年間3千万円とされていた運営管理費もゼロとなり、オープンにこぎつけることができた。

「民設民営」でオープンしたとちぎフットボールセンター

このとちぎフットボールセンターは、県内唯一のフットボールセンターとして、令和4年に本県で開催された第77回国民体育大会「いちご一会とちぎ国体」に向けた競技力向上の場として大いに活用された。

また、本市にとっては、地方創生の一環として取り組んでいるスポーツツーリズムの推進拠点としてはもとより、市民の皆様の健康づくり・生きがいづくりの場として、更には地域防災の拠点施設としても整備された。

オープン初年度となる令和元年度については、2面あるサッカーグラウンドの利用者数は8万8775人、クラブハウスの利用者数は5517人で、合わせて9万4292人の方に

とちぎフットボールセンターの当初計画と最終計画との比較

	当初計画①「公設公営」（平成27年12月現在※1）	当初計画②「公設公営」（平成29年6月時点※2）	最終計画「民設民営」（平成29年12月時点）
グラウンド	・人工芝２面（夜間照明付き） ・天然芝１面	・人工芝２面（夜間照明付き） ・天然芝１面	・人工芝２面（夜間照明付き）
クラブハウス	２階建１棟（1,192㎡）	２階建１棟（1,192㎡）	**２階建１棟（約400㎡）**
建築工事費	９億3,000万円	11億5,910万円	**４億円**
設計費	――――	3,477万円	
市の負担額	６億6,700万円（設計費含まず）	10億3,587万円	**１億円（外構、ゲート整備）**

※1 平成27年12月25日に栃木県サッカー協会に提出された提案書に基づく
※2 平成29年6月9日に公表された民間活力導入可能性調査に基づく

御利用いただいた。

これは、たかはら那須スポーツクラブが当初見込んでいた７万人を大きく上回るとともに、収支決算においても４０９万円余の黒字となり、オープン初年度から黒字を達成することができた。

その後は、折からのコロナ禍により利用者数は伸び悩んでいたが、コロナ禍が収束した令和５年度の利用者数は９万94人まで回復している。

今後とも様々な取組を通じて、市内外のサッカーをする人もしない人も、また子どもから高齢者の方に至るまで様々な世代の皆様が集い、「矢板創生」を発信する拠点となることを願ってやまない。

エコモデルハウス

――甘味処にリニューアル――

令和6年4月、「道の駅やいたエコモデルハウス」に「お食事・甘味処 和と輪」がオープンした。

平成22年4月にオープンしたエコモデルハウスの来訪者数は、オープン翌年度の平成23年度の4万9180人をピークに減少に転じ、令和2年度の来訪者数は3265人まで落ち込んでしまった。

このエコモデルハウスの建設費1億400万円のほぼ全額は、国庫補助によって賄われたが、その一方で有料貸出し等の収益事業を一切行えないことから、毎年の指定管理料は5百万円を超えていた。

そこで矢板市では、令和3年度からエコモデルハウスを休館してその在り方を再検討し、施設の有する公益性を踏まえて事業者を公募したところ、株式会社テトテ（さくら市）が応募してくれた。

テトテは、障害者総合支援法に基づく障害者就労継続支援A型事業者として、「甘味処 和と輪」（那須塩原市）の運営を通じて、障がい者の自立と社会参加を就労面から支援している法人である。

このテトテは、障がいのある方が小豆や野菜、きのこなどを栽培するという、いわゆる「農福連携」に積極的に取り組んでいることから、自家栽培の食材を使った飲食店をエコモデルハウスで開店したいという提案を受けた。

そこで市ではエコモデルハウス運営委員会を開催し、この提案を受け入れるとともに、環境省との財産処分協議を行い、テトテに対して店内飲食のための改修を認めた。なお、当初は数千万円を覚悟していた環境省への補助金返還額は、４００万円を下回る額で決着した。

このほか市自身も、これまでのエコモデルハウスの環境啓発施設としての性格を維持しながら、庭園部分を来場者の利便性向上のためにインターロッキング舗装とし、またウッドデッキを設置して、誰でも気軽に休憩できるオープンスペースを整備した。

「お食事処・甘味処 和と輪」のオープンにより、エコモデルハウスの管理運営に対

「和と輪」がオープンしたエコモデルハウスにて

する市の負担額はゼロになった。

「お食事・甘味処 和と輪」には、テトテが有する農福連携のノウハウに加えて、今後、エコモデルハウス本来の機能である環境啓発、更には「道の駅やいた」の観光交流拠点としての性格を加味した、農×福×環×観連携の拠点施設として、市内外から1人でも多くの方にお越しいただきたい。

新採用職員市長訓話

この講演は、例年、市町長が輪番で実施している塩谷・那須南ブロック新採職員研修での市町長訓話として、令和5年4月5日に矢板市生涯学習館で行ったものです。

本年度は私が、塩谷・那須南ブロックの新採用職員研修で恒例となっております市町長訓話をお引き受けしましたので、どうぞよろしくお願いいたします。

私も平成9年4月から平成22年10月までの13年半、県の職員をしていました。

大学時代は人文地理、経済地理を学んでいまして、全国でまちづくりの先進事例や失敗事例を見て回ってきました。

またサークルは、早稲田大学雄弁会というサークルで、主に地方自治や農業をテーマにして大学対抗の弁論大会に出場する一方で、当時、自民党副総裁だったOBの小渕恵三《おぶちけいぞう》先生のもとで書生をさせてもらい、国会議員政策担当秘書の資格試験にも合格しました。

県の職員採用試験にも合格しましたが、採用を辞退して大学院の修士課程に進

大田原土木事務所用地部のデスクにて

み、平成8年、栃木県でⅠ種とⅡ種に分かれて採用していた最後の年に、もう1度合格し、翌平成9年4月に県庁に入りました。

県庁では出先の大田原土木事務所の用地部に4年いまして、最終年の平成12年度には、新採職員ながら用地第一課のエースナンバーをつけまして、国道400号大田原西那須野バイパスの担当を務めました。

補正予算が編成されるたびに公共事業費が積み増しされるという時代でしたが、4年間で20億円分の用地補償を担当するという、本庁用地課曰わく、新採用職員としては前人未踏の大記録を

CRT 栃木放送の県政広報番組に出演して

達成しまして、平成13年4月に、当時の商工労働観光部商工振興課に、翌年度からの県香港駐在員含みで異動しました。

その後、東京での3か月間の語学研修、ジェトロ（日本貿易振興機構）東京本部海外調査部への派遣を経て、2002年4月から3年間、ジェトロ香港センターに移転した県香港駐在員事務所で、県内企業の海外展開支援や外国人観光客の誘致、県産農産物の輸出促進といった業務に当たりました。

香港からアジア各国への出張は、3年間で200日近くになりましたが、当時の日本企業の中国シフトを反映して、その多くは中国本土でした。

塩谷・那須南地区でいうと、那須烏山の中村製作所さん、今の中村技研さんの遼寧省《りょうねいしょう》大連《だいれん》の現地法人にお伺いしたこともあります。

また、香港で販路を開拓し、２００４年11月には本県産ナシの「にっこり」を、また２００５年1月には本県産イチゴの「とちおとめ」の初輸出を実現しました。

その後、平成17年4月に帰国しまして、農務部農地計画課、農政部農政課で、農地法や農振法に関する許認可や土地利用調整を担当しました。

当時関わった案件としては、コメリ矢板店やベイシアさくら氏家店の出店に係る農振除外や農地転用、さくら市のホンダテストコース整備に係る農振除外や農地転用、塩谷町の中山間地域総合整備事業に係る農振農用地拡大などがあります。

更にその後、保健福祉部障害福祉課に異動し、6年に1度の県障害者計画と障害福祉計画を同時策定するというタイミングで計画の策定作業に当たった後、思うところがあって県を退職し、今からちょうど12年前の平成23年4月の県議選に当選し、その5年後の平成28年4月の市長選で市長に転身し、現在、矢板市長8年目に入るところです。

自己紹介はこの辺りにいたしまして、冒頭から厳しいお話をいたします。

4月3日の辞令交付式で、本市の新採職員には申しましたが、地方自治を取り巻く環境が大変厳しい中で地方公務員生活をスタートさせることに、まずもって心から同情いたします。

そして今後、人口減少・少子高齢社会が一層進行していく中で、皆さんが65歳、場合によっては70歳で定年退職を迎える頃には、皆さんが入庁した自治体は、もはや存在していないと覚悟しておいてください。

そして、皆さんが入庁した自治体がなくなったとしても、地方公務員としてしっかりと勤め上げることができるよう、具体的に申し上げれば、今後、人口減少社会の更なる進行により、皆さんが入庁した市や町が更なる合併に見舞われて皆さんの市や町が「負け組」になったとしても、皆さん一人一人は、決して「負け組」にならないよう、今からしっかりと研鑽を積んでおくことをお勧めします。

はたから思うほど、市町村職員の仕事は楽ではありません。

職員組合、自治労風に申しますと、地域公共サービスの担い手である皆さんを取り巻く環境は、社会経済情勢の多様化・複雑化や、地方財政危機、更には地域住民の権利者意識の高まりなどに伴い、年々厳しさを増しています。

国や県からの権限移譲や人員削減に伴う事務量の増大に加え、職業性ストレスが広がる中、「公務員はラクな職業」「市役所はラクな職場」というような見方は、もはや時代遅れとなっています。

「力まず、休まず、仕事せず」というかつての公務員像は、もはや地方自治の現場のどこにもありません。

そして冒頭申し上げたように、私も県の職員を13年半ほどやっていましたが、同じ地方公務員でも、県職員と市町村職員を比較すれば、間違いなく市町村職員の方が大変だと思います。

これは以前、北那須のある町から実務研修で大田原土木に来ていた方が、「国のお方に県の人、役場の奴らに農協の手」ということを申されていましたが、そうした時代錯誤の役人カースト的な内容では決してありません。

今から20年近く前、私がまだ一介の県職員だった頃、高校の同窓会の2次会で、後の本市副市長の横塚順一《よこつかじゅんいち》さんから、「市民と直接向き合う市役所職員には逃げ場がないけど、それに比べてお前ら県職員は……」というような、多少お説教めいた話を聞かされたことがありますが、これは、まさにそのとおりです。

私は県職員を辞めて県議会議員になっての5年間、矢板市内のお宅をくまなく回らせていただく中で、市民の皆さんの御意見、御要望を伺う機会がありましたが、その中で権利者意識の高まりから、理不尽と思えるような御意見、御要望に接する機会も少なからずありました。

そういったときにも、市民の皆さんと真正面から対峙していかなければならない市役所職員の大変さが、なんとなく分かったような気がしました。

これが広域自治体である県の職員であれば、そもそも県民と接する機会があまりありません。

宇都宮の県庁ではなく塩谷庁舎や南那須庁舎といった出先機関に勤務していても、県民が押しかけてくることは、そうはありません。

また住民の皆さんにしてみても、住民票のある市町村役場には一度は行ったことがある一方で、宇都宮の県庁はもとより塩谷庁舎や南那須庁舎には一度も行ったことがないという人が、大半なのではないでしょうか。

また、広域自治体である県について、国や市町村との関係で言えば、例えば国から何か言われたとすれば、「市町村が言うことを聞かない」と言い訳できる一方で、市町村から何か言われたとすれば、「国がダメだと言っている」と断ることもできますが、市町村の場合にはまさに逃げ場がない、窓口で対面している住民の皆さんに説明責任を果たす必要がありますし、納得してもらえないと何事も前に進みません。

だから市町村職員は、本当に大変というわけです。

そうした中、私たち市町村職員に最も必要な資質は、コミュニケーション能力といいますか、対話能力、説得力に尽きると、私は思っています。

「行政は最大のサービス産業」と言っていたのは、元島根県出雲市長の岩國哲人《いわくにてつんど》さん、この人は、令和一桁ではなく平成一桁の時代に私たちの業界で注目されていた人ですが、この岩國さんの言う「行政は最大のサービス産業」というのは、「小さな市役所、大きなサービス」という言い回しとセットで、「行政であってもコスト意識を持ってより良い住民サービスをせよ」ということでしたが、この発想を推し進めれば、公務員にコミュニケーション能力がなければ、そもそもサービス業は務まらないということになるかと思います。

これが国家公務員のキャリアであれば、法令の理解度が優れている人が適材なのかもしれない、そこで国家公務員総合職試験の成績が良い人が適材なのかもしれない、また嘉悦大学教授の高橋洋一《たかはしよういち》氏のような、旧大蔵省キャリアの「(自称)変人枠」で採用される人がいても良いのかもしれませんが、市町村ではそうした「変人」を決して求めてはいません。

いまだ本市職員採用試験の面接試験でも、対人関係が不向きだから市役所を受けに来たかのようなことを口にする受験生がいますが、対人関係に不向きで、更に言えばストレス耐性が弱い人ほど市町村の職員には不向きだということを、あらためてしっかりと認識しておく必要があるかと思います。

各市町の採用試験に合格した皆さんの中には、さすがにそうした人はいないと思いますが、ぜひ御留意いただきたい点です。

それでは、どうすればコミュニケーション能力を磨き、対人関係に得意になれるのかということですが、これはいくらハウツー本を読んでも身に付くものではなく、できるだけ人前に出続けるしかないのではないかと思います。

福《ふく》田《だ》富《とみ》一《かず》知事は職員に対し、「２枚目の名刺を持て」と言っています。

１枚目の名刺は、職場の名刺「○○市主事　○○」という名刺という意味ですが、２枚目の名刺というのは、例えば市内町内のスポーツ団体の事務局の名刺とか、地元自治会やＰＴＡの、名刺はないかもしれないけれど役職を預かるといった、ボランティア活動や地域貢献活動をしろという意味になるかと思います。

また、社会人になると、その道のスペシャリストになるのか、それともゼネラリストになるのかという話がついて回りますが、国家公務員であれば、国税専門官や労働基準監督官といったように、また省庁単位でといったように、既に採用段階でスペシャリスト採用ですが、県職員であれば職種はいろいろあるかもしれませんが、私のように行政職で入れば、県土整備部、産業労働観光部、農政部、保健福祉部というように、それほど職域は固定されない、そして市町村職員であれば、まさにゼネラリスト、その市や町のことを薄くても幅広く知っておくことが期待されますし、そのことが臨機応変に仕事できる基礎になっていきます。

県職員と比べて市町村職員は、一般に、平日の残業は少ないと思います。終電で帰れないから、電車通勤ではなくてクルマ通勤にしようという塩谷・那須南の市町村職員はあまりいないと思いますが、一方で市町村職員は、今度の日曜日の県会議員選挙の投開票事務を始めとして、イベント等の動員で土・日、祝日に動員される機会が多いのではないでしょうか。

こうした機会を、たんに「動員された」と後ろ向きに思わずに、業務上の来たる機会に応用できるよう考えて参加するといった前向きな発想を持って、またそういう機会を捉えて、普段話す機会のない先輩と積極的にコミュニケーションしておくことが、後々必ず生きてくると思います。

この延長線上で、時代錯誤な物言いかもしれませんが、「飲み会は決して断らないこと」をお勧めします。

これには若干の補足が必要ですが、私は、自分が所属する課や係の親睦会のような、いつも顔を合わせている人たちとの飲み会は、むしろパスして構わないと思っている人間ですが、庁内でのクラブ活動とか、学校の同窓会といった集まりについては決して断らないことと再定義して申し上げたいと思います。

国であっても、県であっても、市町村であっても、公務員世界で欠かせないプロセスは、「内部調整」「根回し」です。

そうした中で、国や県よりもはるかに規模の小さな市町村にあっては、良く知っている人が相手、カウンターパートになる可能性が非常に高い、そうした人との、事あるときのコミュニケーションを円滑にするためにも、日ごろから庁内の人間関係に気を配っておくことを、ぜひお勧めします。

一方で、皆さんには広い視野を持ってほしいとも思います。

これは私が県職員を経験して良かったと思う点でもありますし、在職中、ジェトロに派遣され、また海外で3年勤務したことが、今振り返ってみると、これまで所属していた組織を外から相対化してみることができ、大変貴重な経験を積むことができたと思います。

例年、矢板市に来てくれた県や県警察からの出向者には、矢板市役所という職場が良いモデルになるのか反面教師になるのか分からないが、ここでの経験を派遣元の発展につなげていくことを常にイメージしながら、業務に当たってもらうようお願いしています。

もっともこのことは、本日陪席されている市町の人事担当者、研修担当者が、そういう機会をどのように創ってくれるかによります。

ちなみに矢板市では、本年度、実務研修として県市町村課と産業政策課に1名ずつ、また相互交流として県観光交流課に1名派遣し、代わって県職員を市の社会福祉課で受け入れています。このほか1名を国の方でと現在準備しています。

派遣先は県が一番というわけでは決してありませんが、人事担当に無理を言って、市長の言うこと聞かないとよその市町のように県から副市長連れてくるからとプレッシャーをかけながら、人を手当てしてもらっています。

矢板市の規模で、塙田の県庁に3名派遣というのは、なかなか頑張っている方ではないかと思います。

また、これは広い視野を持てという話と少しズレてしまいそうですが、「地方創生の取組は地域間競争である」といわれる一方で、何か新しい事業をやったり、新しい仕組みを作ったりする際に、周辺の市町はどうしているのか、どうしても調べないといけないときがあります。

そのときに備えて、皆さんには何が必要か？　私は他の自治体、とりわけ周辺市町に知り合いをたくさん作っておくことが重要だと思っています。

何かあったときに、その触りだけでも聞ける知り合いがいるのといないとでは大きな違いがある、私の一般職経験からしても、このことは断言できます。

こうした点から、今回の新採用職員研修は、体験活動付きの宿泊研修もあるということですので、ぜひ塩谷・那須南地区で、一人でも多くの知り合い、友だちを作っておいてほしいと思います。

これは情緒的に言っているのではなくて、大げさな言い方をすれば、皆さんの将来のキャリア形成のためにも役立つ取組だと思ってください。

さて、私は、こういう精神論的な話をするのが実は大の苦手なのですが、開講式・オリエンテーション後の第1講ということで、やむを得ずこういう話をさせていただきましたが、後半は、どちらかというと自分では得意だと思っている、少しテクニカルな話をさせていただきます。

申したいことはいろいろあるのですが、今日は2点だけ、まず、文書事務について思うところを申し上げたいと思います。

文書事務については、公務員の必須スキルということで、明日も講義がありますが、若いうちに正しい表記を覚え、1枚ペラの資料を作れるようにしておかないと、議会の答弁原稿はいつまで経っても書けるようになりません。

お手元に、今から21年半前、私が採用5年目の29歳のときに書いた、当時の県商工労働観光部の重要・懸案事項を、当時の商工振興課の羽生《はにゅう》主幹兼課長補佐、後の栃木県理事兼がんセンター事務局長の羽生恵二《はにゅうけいじ》さんに、よくよく直された1枚紙があるかと思います。

臥薪嘗胆ではないのですが、その時頭に来たのでずっと取ってある一枚です。

公文書に求められる条件は、「正確性」（表記の形式を具備しており、誤読の余地がないこと）、「総体性」（必要な事項を網羅していること）、「簡潔性」（明解で読みやすいこと）、「客観性」（主観による偏りがないこと）といわれています。

こういうと難しいのですが、令和3年3月に文化庁文化審議会国語分科会が示した「公用文作成の要領に向けて（報告）」という文書によると、「読み手に伝わる公用文」を作成するためには、「正確に」「分かりやすく」、更には読む側の「気持ちに配慮して」書くことを旨とするとの記載があります。

こう言われるとずっと分かりやすい、むしろ「正確に」「分かりやすく」「相手の気持ちに配慮して」書くのは当然のことだと思うかもしれませんが、それでも最低限の表記のルールがあります。

ということで、昨年2月に私が問題文を作成して、矢板市の若手職員対象に行った「公文書表記に関する理解度考査」の一部分、問1をお付けしましたので、ぜひ、明日の講義終了後に挑戦してみてください。

以上は表記の話ですが、それではどうすれば公用文を書くのがうまくなるのかといったことですが、これは数をこなすしかないと思います。

ハウツー本には、「会議のメモ取りや議事録作成は、頼まれなくても自分で書け」と書いてありますが、これにも通じるものがあると思います。

私個人の経験をいうと、香港駐在の3年間、香港駐在員の実績を県庁に良く知ってほしくて、それを伝えるには、海の向こうですので報告書を作り込むしかないのですが、ものすごい量の報告書を書いたことで、その時、文書スキルが格段に向上したように思います。

そして2点目は、あえて、事務引継についてお話しさせていただきます。

皆さんは、これからまず、異動した前任者から引継ぎを受ける立場ですので、引継書を作成するのは、早くても1年後ということになるかと思います。

しかし、皆さんは多分、各所属で自分の席に着いたら、この中には既に引継ぎを受けた人もいるかもしれませんが、分かりやすいとは到底思えない、極めて不十分で不親切な、しょうもない引継ぎを受けて、不安感がより一層高まって公務員生活をスタートさせるという人が、大半なのではないでしょうか。

これは実は、いわば「公務員あるある」で、別に新採用職員に限ったことではありませんが、これを一番痛切に感じるのは、新採の時だと思います。

そこで、皆さんのお手元に、昨年3月に入庁3年目未満の本市職員を対象に行った事務引継研修会の、私手作りの説明資料を配布させていただきました。

本市ではこのほか昨年、庁内で「引継文書コンテスト」を開催し、最優秀賞1点、優秀賞1点、佳作3点を選び、これらを優秀作品集として取りまとめ配布するなどしています。

皆さんは、これから数多くの引継書を作ることになるかと思いますが、公務員業界にありがちな「引継ぎの悪循環」を断ち切るためにも、引継ぎの重要性を理解し、また1年後に向けて、早速、その準備に入っていただきたいと思います。

ということで、私からの市町長訓話、市町長訓話として必要十分だったのか良くわかりませんが、時間がまいろうとしておりますので、これを持ちまして終わらせていただきます、御清聴ありがとうございました。

あとがき

2期8年の市長任期を振り返ったとき、やり過ぎたことはあっても、やり残したことは一つもなかったという心境です。

大きな決断、難しい決断、賛否両論ある決断をするたびに、市民の皆様、そして職員の皆さんには大変な御心配をおかけしてきましたが、人口減少社会の到来という大きな時代の転換期にあって、「全てが変わらないためには、全てが変わらなくてならない」という思いから、適時・適切な「決められる政治」をしなくてはいけない、そうでないと私がせっかく市長になった意味はない、このように念じながら仕事をしてきました。

その結果、矢板市長としての政治生命を削ったとしてもやむを得ない、むしろ本望だと思っています。

人口減少社会が到来する中で、国が地方創生基本方針で掲げる「人口減少の克服戦略」だけに全力で取り組んだとしても、30年前、40年前のような賑わいを取り戻すことはできません。

進化論を提唱したダーウィンは、「この世に生き残る生きものは、最も力の強いものでもなく、最も頭の良いものでもなく、変化に適応できるものだ。」と言ったとされています。

そこで私は、「これから生き残る地方自治体は、規模の大きな自治体でもなく、財政力の豊かな自治体でもなく、変化に適応できる自治体だ。」という発想で、〝矢板ならではの〟又は「矢板モデル」「矢板スタイル」というべき創意工夫を発揮し、「矢板市は全国の小規模自治体のトップランナーになる」という気概を持って市政運営に当たってきました。こうした気概だけは、市職員の皆さんにぜひ引き継いでいってほしいと願っています。

最後になりますが、本書の出版に当たって貴重なアドバイスや励ましの言葉を頂戴した下野新聞社ビジネス局エディットパートナー部の嶋田一雄さんには、この場をお借りして深く感謝申し上げます。

著者略歴

齋藤淳一郎(さいとう・じゅんいちろう)

昭和47 (1972)年6月15日(栃木県民の日)生まれ
早稲田大学大学院教育学研究科修士課程修了
長峯基参議院議員公設政策担当秘書を経て、
平成9年4月栃木県庁入庁
大田原土木事務所、産業政策課、農政課、障害福祉課等で勤務
日本貿易振興機構(ジェトロ)東京本部を経て、栃木県香港駐在員
平成23年4月栃木県議会議員当選、平成27年4月再選
平成28年4月矢板市長当選、令和2年4月再選
著書「アジアの臍から—香港駐在リポート—」(下野新聞社)

まっすぐに、ひたむきに

矢板発 本気《ほんき》の改革《かいかく》
齋藤淳一郎《さいとうじゅんいちろう》 市政《しせい》8年《ねん》の記録《きろく》

2025年3月31日　初版発行
著　者　　齋藤淳一郎
発行所　　下野新聞社
〒320-8686　栃木県宇都宮市昭和1-8-11
電話　028-625-1135
https://www.shimotsuke.co.jp/
印刷・製本　晃南印刷株式会社
